基本の中国語を
楽しく学ぶ

中国語
一年生

明照典子
小林和代
神道美映子

好文出版

はじめに

こんにちは、
ナビゲーターの"天天"です。

このテキストは 🔑 キーワード集、 📖 スキット、

💬 練習と ✏️ 練習問題からなっています。

📝 ここでは日中の漢字の違いを見つけましょう。

すべて書き込み式になっていますので、自分だけのテキストを完成させてください。"天天"がお供します！

【主な登場人物】

- 寺本明美
- 澤田憲広 
- 張先生 
- 遠藤堅  ♥ 李恵

もくじ

◆第 1 课　先生、こんにちは。　2
　先生、こんにちは。／今から出席を取ります。　練習問題

　　◆第 2 课　高校生ですか？　8
　　高校生ですか？／彼は誰？　練習問題

　　　◆第 3 课　お名前は？　14
　　　お名前は？／初めまして。　練習問題

　　　　◆第 4 课　これはシューマイですか？　20
　　　　これはシューマイですか？／あれは何？　練習問題

◆第 5 课　おいしい！　26
　おいしい！／すっごくキレイ！　練習問題　中国の通貨

　　◆第 6 课　ある、いる　32
　　持ってる？／ペットいる？　練習問題

　　　◆第 7 课　しました　38
　　　バーゲン行った？／新しい着うた、ダウンロードした？
　　　練習問題

　　　　◆第 8 课　それとも…？　44
　　　　au？それともdocomo？しし座？それともおとめ座？
　　　　／お持ち帰りですか？　練習問題

◆第 9 课　どこにいるの？　50
　どこにいるの？／なくしちゃったみたい…！　練習問題

　　◆第 10 课　電話中なの　56
　　電話中なの／考えているところ　練習問題

　　　◆第 11 课　辞書を使っていいですか？　62
　　　辞書を使っていいですか？／ペットOK？　練習問題

　　　　◆第 12 课　一緒に行かない？　68
　　　　好文神社に行ってお参りしない？
　　　　／メールで聞いてみるわ　練習問題

◆語いリスト（課別・ピンイン順）　74　　◆語い索引（ピンイン順）　80

第 1 课 (dì yī kè)

先生、こんにちは。

你好！

ふたりは なに語を 話しているの？

日本語の漢字と ちょっと違う みたいだけれど。

これから ボク達が勉強する 「中国語」だよ。

あれは 「簡体字(かんたいじ)」って いうんだよ。

泽田，早上好！

Sìběn, Zǎoshang hǎo！

なんだか 音が上がったり 下がったり しているね。

あれ？ 中国語なのに アルファベットだ！

「声調(せいちょう)」っていうんだよ。 4種類あるから「四声(しせい)」っ ていうんだ。 ほかに「軽声(けいせい)」というもの もあるんだ。

「ピンイン」って言うんだ。 漢字の読みを 表しているよ。

第 1 课 dì yī kè　先生、こんにちは。

1 四声を練習しましょう。

第1声 →	第2声 ↗	第3声 ∨	第4声 ↘
mā 妈	má 麻	mǎ 马	mà 骂

zhū 猪　　niú 牛　　niǎo 鸟　　xiàng 象

tīng 听　　dú 读　　xiě 写　　chàng 唱

2 軽声を練習しましょう。

bēizi 杯子　　shítou 石头　　yǎnjing 眼睛　　tàiyang 太阳

sān　3

1 先生、こんにちは。

bānzhǎng 班长	:	Qǐlì! 起立!
Zhāng lǎoshī 张 老师	:	Tóngxuémen hǎo! 同学们 好!
xuéshengmen 学生们	:	Lǎoshī hǎo! 老师 好!
Zhāng lǎoshī 张 老师	:	Qǐng zuò. 请 坐。

1 言ってみましょう。

Dàjiā hǎo!
大家 好!

Zǎoshang hǎo!
早上 好!

Wǎnshang hǎo!
晚上 好!

気をつけて書きましょう。

zhǎng
长

shī
师

men
们

qǐng
请

zuò
坐

4 sì

第 1 课 dì yī kè　先生、こんにちは。

2　今から出席を取ります。

Zhāng lǎoshī：Xiànzài kāishǐ diǎnmíng, Sìběn.
张　老师：现在　开始　点名，寺本。

Sìběn：Dào.
寺本：到。

Zhāng lǎoshī：Zétián.
张　老师：泽田。

Sìběn：Méi(yǒu) lái.
寺本：没(有)　来。

1　言ってみましょう。

e
è　hē
饿　喝

en
mén　rén
门　人

eng
téng　mèng
疼　梦

er
èr　ěrduo
二　耳朵

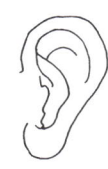

ie
yè　xiě
夜　写

ei
lèi　fēi
泪　飞

気をつけて書きましょう。

xiàn
现

kāi
开

wǔ　5

練習問題

1 言ってみましょう。 Student 04 / CD 08

yī	èr	sān	sì	wǔ
一	二	三	四	五

liù	qī	bā	jiǔ	shí
六	七	八	九	十

shíyī　　shí'èr　　…　　èrshí
十一　　　十二　　　　　二十

èrshiyī　　èrshi'èr　　…　　jiǔshijiǔ
二十一　　　二十二　　　　　九十九

2 聞こえた数字を順番に線でつなぎましょう。 Student 05 / CD 09

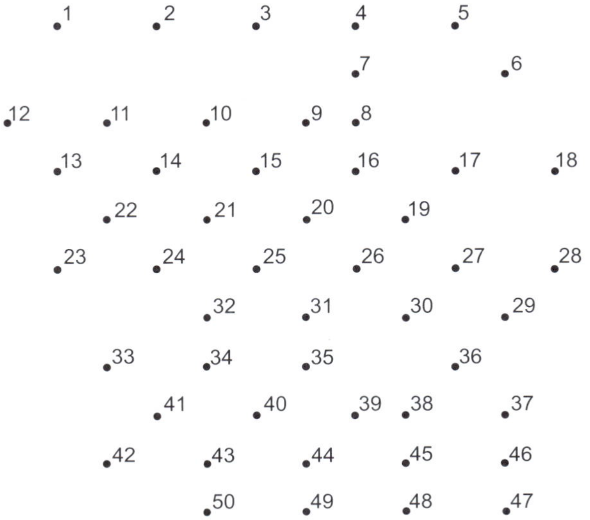

第1課 先生、こんにちは。

3 言ってみましょう。

Jīntiān jǐ yuè jǐ hào?
今天 几 月 几 号 ?

Jīntiān wǔ yuè yī hào.
今天 五 月 一 号。

Xīngqī jǐ ?   Xīngqī sān.
星期 几 ?   星期 三 。

èr niánjí   sān bān   èrshíliù hào
二 年级   三 班   二十六 号

4 ピンインに注意して言ってみましょう。

i
bǐ   jī
笔   鸡

zh, ch, sh, r + i
zhǐ   chī   shí   rì
纸   吃   十   日

z, c, s + i
zì   cí   sì
字   词   四

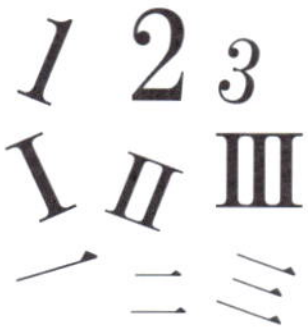

wǒ 我
lǎoshī 老师
Hànyǔ 汉语

qī

第 dì èr 2 kè 课

高校生ですか？

请问，…

巻末の語いリストを見て書きましょう。

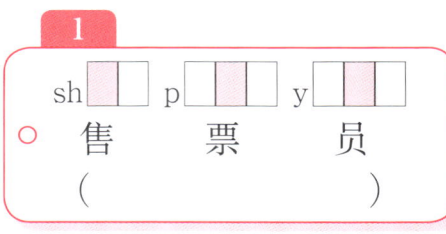

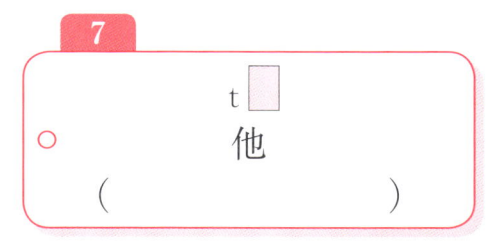

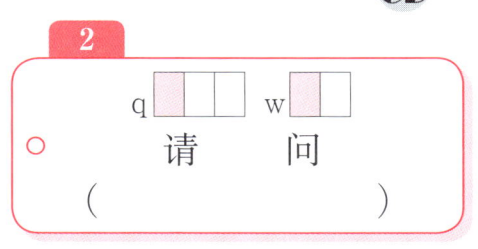

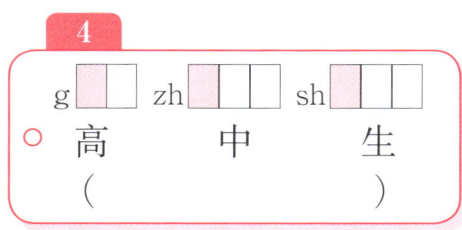

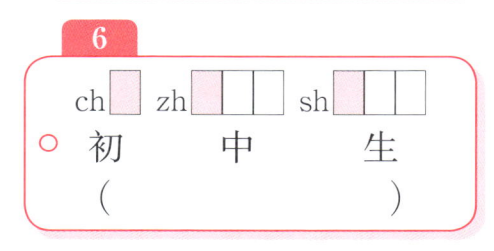

1. sh□ p□□ y□□　售 票 员　(　　　)
2. q□□ w□　请 问　(　　　)
3. n□　你　(　　　)
4. g□ zh□□ sh□□　高 中 生　(　　　)
5. t□　她　(　　　)
6. ch□ zh□□ sh□□　初 中 生　(　　　)
7. t□　他　(　　　)
8. k□　酷　(　　　)

気をつけて書きましょう。

yuán 员 员 员　　　nǐ 你 你 你

第2課 dì èr kè 高校生ですか？

1 声調符号を書き入れ、言ってみましょう。

a ＞ o, e ＞ i, u, ü

kaiche 开车	shua ya 刷牙	he shui 喝水	chifan 吃饭	shuo ba 说吧
hui jia 回家	yaotou 摇头	huaxue 滑雪	tanhua 谈话	lai le 来了
dagong 打工	qichuang 起床	xi lian 洗脸	xie zi 写字	zou ba 走吧
kan shu 看书	dao cha 倒茶	tiaowu 跳舞	zuo cai 做菜	qu le 去了

2 声調に気をつけて言ってみましょう。

Nǐ hǎo. 你好。

shǒuzhǐ 手纸

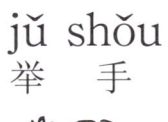

jǔ shǒu 举手

dǎ sǎn 打伞

3 ピンインに注意して言ってみましょう。

u｜ wū 乌　　lù 路　　zhǔ 煮

ü｜ yú 鱼　　nǚ 女　　qù 去

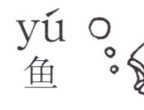

ian｜ yán 盐　　xiàn 线　　jiàn 见

jiǔ 9

1 高校生ですか？

shòupiàoyuán 售票员：	Qǐngwèn, nǐ shì gāozhōngshēng ma? 请问，你是高中生吗？
Zétián 泽田：	Shì, wǒ shì gāozhōngshēng. 是，我是高中生。
shòupiàoyuán 售票员：	Tā yě shì gāozhōngshēng ma? 她也是高中生吗？
Zétián 泽田：	Bú shì, tā shì chūzhōngshēng. 不是，她是初中生。

1 '不'の声調に注意して言ってみましょう。

bù hē	bù lái	bù mǎi	bú kàn
不喝	不来	不买	不看

2 言ってみましょう。

Qǐngwèn, nǐ shì ___ ma?　Bú shì, wǒ shì gāozhōngshēng.
请问，你是　　吗？—不是，我是高中生。

dàxuéshēng
大学生

xiǎoxuéshēng
小学生

chūzhōngshēng
初中生

liúxuéshēng
留学生

気をつけて書きましょう。

ma
吗　吗　吗

第 2 课 dì èr kè 高校生ですか？

2 彼は誰？

泽田 (Zétián): Tā shì shéi?
他是谁？

寺本 (Sìběn): Tā shì wǒ de nánpéngyou.
他是我的男朋友。

泽田 (Zétián): Zhēn de ?! Tā duō dà?
真的?! 他多大？

寺本 (Sìběn): Shíbā suì. Hěn kù ba!
十八岁。很酷吧！

泽田 (Zétián): Ňg … hái kěyǐ.
嗯 … 还可以。

1 言ってみましょう。

Tā / Tā shì shéi?
他 / 她是谁？

Tā / Tā shì wǒ de _____.
他 / 她是我的_____。

| māma | yéye | nǎinai | bàba |
| 妈妈 | 爷爷 | 奶奶 | 爸爸 |

気をつけて書きましょう。

zhēn 真
suì 岁
yǐ 以

shíyī 11

練習問題

1 ピンインに注意して言ってみましょう。

uen(-un)　wèn 问 　　dūn 蹲 　　kùn 困

iou(-iu)　yòu 右 　　jiǔ 九 　　diū 丢

uei(-ui)　wèi 喂 　　guǐ 鬼 　　duì 队

2 絵を見て、日本語の意味に合うように下線部に中国語を書き入れ、会話を完成させましょう。

Zétián
泽田：_____（彼女は誰？）

Sìběn　　À, tā shì wǒ de jiějie.
寺本：啊，她 是 我 的 姐姐。　　　　　　（姐姐：姉）

Zétián　　Zhēn piàoliang!
泽田：真　　漂亮！　_____（彼女は大学生かい？）

Sìběn　　Shì.
寺本：是。

Zétián
泽田：_____（彼女は何歳？）

Sìběn　　Èrshiyī suì.
寺本：二十一 岁。

Zétián　　Èrshiyī. Ńg?! Tā shì shéi?
泽田：二十一。嗯 ?! 他 是 谁？

Sìběn
寺本：_____（姉さんのボーイフレンドよ。）

Zétián
泽田：……

第2課 高校生ですか？

3 例のように3つの文を作りましょう。

（例）
① 私の母です。　<u>Tā shì wǒ de māma. 她 是 我 的 妈妈。</u>
② 45歳です。　<u>Tā sìshíwǔ suì. 她 四十五 岁。</u>
③ ダンスができます。　<u>Tā huì tiàowǔ. 她 会 跳舞。</u>
（〜ができる：会huì〜）

1
① 張先生です。＿＿＿＿＿＿＿＿＿＿＿＿＿＿＿＿
② 28歳です。＿＿＿＿＿＿＿＿＿＿＿＿＿＿＿＿＿
③ スケートができます。＿＿＿＿＿＿＿＿＿＿＿
（スケートをする：滑冰huábīng）

2
① 澤田くんです。＿＿＿＿＿＿＿＿＿＿＿＿＿＿
② 私のクラスメートです。＿＿＿＿＿＿＿＿＿＿
（クラスメート：同班 同学 tóngbān tóngxué）
③ カッコいいです。＿＿＿＿＿＿＿＿＿＿＿＿＿
（カッコいい：帅 shuài）

4 CDを聞いて、中国語で答えましょう。

1 ＿＿＿＿＿＿＿＿＿＿＿＿＿＿＿＿＿＿＿＿＿＿＿＿＿＿＿＿＿
2 ＿＿＿＿＿＿＿＿＿＿＿＿＿＿＿＿＿＿＿＿＿＿＿＿＿＿＿＿＿

第 3 课 (dì sān kè)

お名前は？

我叫…

巻末の語いリストを見て書きましょう。

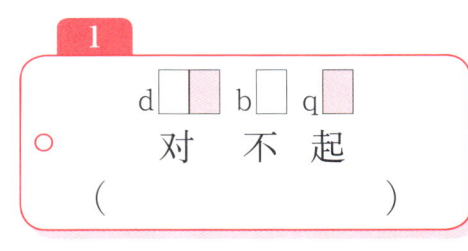

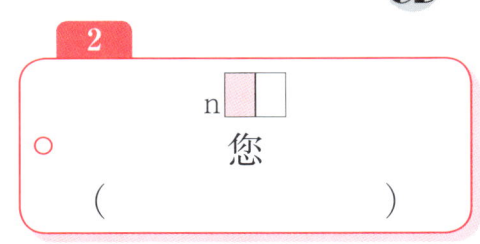

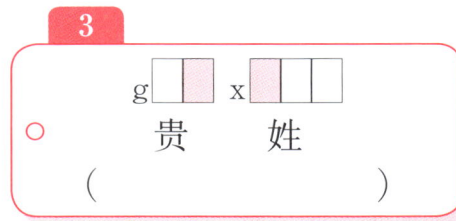

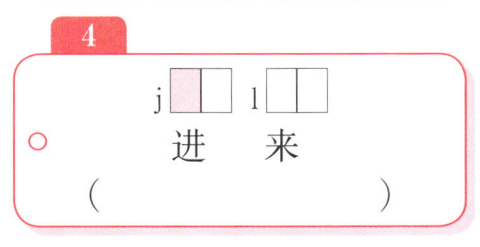

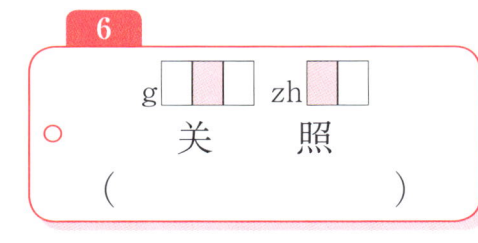

1
d□ b□ q□
对 不 起
(　　　　　)

2
n□
您
(　　　　　)

3
g□ x□
贵 姓
(　　　　　)

4
j□ l□
进 来
(　　　　　)

5
j□ m□
见 面
(　　　　　)

6
g□ zh□
关 照
(　　　　　)

気をつけて書きましょう。

duì
对 对 对

guì
贵 贵 贵

jiàn
见 见 见

14　shísì

第3課 dì sān kè お名前は？

1 声調符号を書き取り、言ってみましょう。

Nín guìxìng?
您 贵 姓？

Wǒ xìng Zhāng.
我 姓 张。

Xièxie.
谢谢。

Bú kèqi.
不 客气。

Duìbuqǐ.
对不起。

Méi guānxi.
没 关系。

Shéi ya?
谁 呀？

Wǒ shì Zétián.
我 是 泽田。

Wǒ xiān zǒu le.
我 先 走 了。

Màn zǒu a.
慢 走 啊。

Zàijiàn!
再见！

Míngtiān jiàn!
明天 见！

気をつけて書きましょう。

zé
泽 泽

shíwǔ 15

1 お名前は？

泽田 (Zétián)：Nín hǎo! Wǒ xìng Zétián.
您好！我姓泽田。

李 (Lǐ)：Duìbuqǐ. Qǐng zài shuō yí biàn.
对不起。请再说一遍。
Nín guìxìng?
您贵姓？

泽田 (Zétián)：Wǒ xìng Zétián.
我姓泽田。

1 例にならって、クラスメートの名字を聞いてみましょう。

Nǐ hǎo! Wǒ xìng Zétián. Nǐ guìxìng?
你好！我姓 泽田 。你贵姓？

Nǐ hǎo! Wǒ xìng Sìběn.
— 你好！我姓 寺本 。

2 ピンインに注意して言ってみましょう。

| Sūn | Wáng | Mǎ | Zhào |
| 孙 | 王 | 马 | 赵 |

| Zuǒténg | Língmù | Gāoqiáo | Tiánzhōng |
| 佐藤 | 铃木 | 高桥 | 田中 |

気をつけて書きましょう。

biàn
遍 遍 遍

16 shíliù

第3课 dì sān kè　お名前は？

2　初めまして。

李 Lǐ：
Bàba, Zhè shì wǒ de nánpéngyou Yuǎnténg.
爸爸，这是我的男朋友远藤。

远藤 Yuǎnténg：
Nín hǎo! Chūcì jiànmiàn!
您好！初次见面！

李爸爸 Lǐ bàba：
Jìnlai ba.
进来吧。

1　ピンインに注意して言ってみましょう。

zh	zhōu 粥	zhùzhǐ 住址		
ch	chuáng 床	Chángchéng 长城		
sh	shān 山	shōushi 收拾		
r	ròu 肉	ruǎnruò 软弱		

3　遠藤堅です。

李爸爸 Lǐ bàba：
Zuò ba. Nǐ jiào shénme míngzi?
坐吧。你叫什么名字？

远藤 Yuǎnténg：
Wǒ xìng Yuǎnténg, jiào Yuǎnténg Jiān.
我姓远藤，叫远藤坚。

Qǐng duō guānzhào.
请多关照。

李爸爸 Lǐ bàba：
Nǐ yě shì gāozhōngshēng ma?
你也是高中生吗？

远藤 Yuǎnténg：
Shì, wǒ yě shì gāozhōngshēng.
是，我也是高中生。

1　例にならって、隣の人を紹介してみましょう。

Zhè shì wǒ de tóngbān tóngxué.
这是我的同班同学。

Tā xìng Yuǎnténg, jiào Yuǎnténg Jiān.
他姓＿远藤＿，叫＿远藤坚＿。

shíqī　17

練習問題

1 2人ひと組になって、例にならって自己紹介しましょう。

(例) A：
Nǐ hǎo! Wǒ xìng Lǐ.
你 好！ 我 姓 ___李___ 。

Chūcì jiànmiàn! Qǐng duō guānzhào.
初次 见面！ 请 多 关照。

B：
Nǐ hǎo! Lǐ tóngxué. Chūcì jiànmiàn!
你 好！ ___李___ 同学。 初次 见面！

Wǒ jiào Zétián Xiānguǎng. Qǐng duō guānzhào.
我 叫 ___泽田 宪广___ 。 请 多 关照。

2 ＣＤを聞いて、中国語で答えましょう。

1 _____

2 _____

3 _____

3 例にならって、中国語で自己紹介してみましょう。

Dàjiā hǎo! Wǒ xìng Zétián, jiào Zétián Xiānguǎng.
大家 好！ 我 姓 ___泽田___ ， 叫 ___泽田 宪广___ 。

Wǒ shì Rì-zhōng Gāozhōng èr niánjí.
我 是 ___日中___ 高中 二 年级。

Wǒ shíqī suì. Wǒ de shēngrì sì yuè shí hào.
我 十七 岁。 我 的 生日 四 月 十 号。

Wǒ huì dǎ bàngqiú. Qǐng duō guānzhào.
我 会 打 棒球。 请 多 关照。

第3課 お名前は？

友達に中国語でインタビューをしてみましょう。

名前（姓）	Tā Tā xìng 他 / 她 姓 ＿＿＿＿＿＿。
（フルネーム）	Tā Tā jiào 他 / 她 叫 ＿＿＿＿＿＿＿＿。
誕生日	Tā Tā de shēngrì　　　yuè　　　hào. 他 / 她 的 生日 ＿＿＿ 月 ＿＿＿ 号。
年齢	Tā Tā　　　　　suì. 他 / 她 ＿＿＿＿＿ 岁。
できること	Tā Tā huì 他 / 她 会 ＿＿＿＿＿＿。
できないこと	Tā Tā bú huì 他 / 她 不 会 ＿＿＿＿＿＿。

（bú huì 不会〜：〜ができない）

＊ Nǐ duō dà?
  你 多大？

＊ Nǐ huì　　　　　ma?
  你 会 ＿＿＿＿＿ 吗？

dǎ bàngqiú　　tī zúqiú　　pǎobù　　yóuyǒng　　huábīng
打　棒球　　　踢　足球　　跑步　　　游泳　　　滑冰

tīng yīnyuè　　shuō Hànyǔ　　tán jítā　　kàn shū
听　音乐　　　说　汉语　　　弹　吉他　　看　书

shíjiǔ 19

第 dì 4 kè 课

これはシューマイですか？

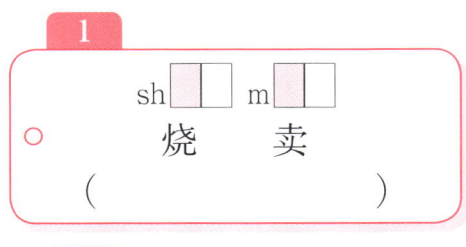

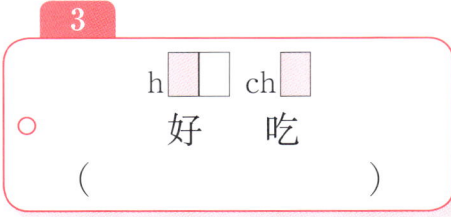

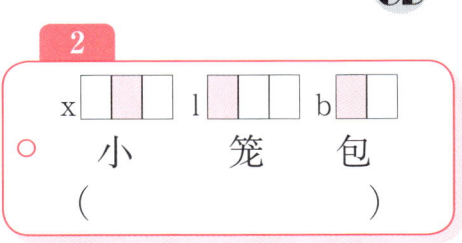

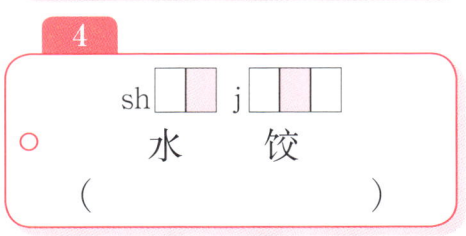

这は…

巻末の語いリストを見て書きましょう。

Student 21
CD 36

1
sh□□ m□□
烧　卖
(　　　　)

2
x□□□ l□□□ b□□
小　笼　包
(　　　　)

3
h□□ ch□□
好　吃
(　　　　)

4
sh□□ j□□
水　饺
(　　　　)

5
h□□ t□□
馄　饨
(　　　　)

気をつけて書きましょう。

shāo
烧　烧　烧

mài
卖　卖　卖

lóng
笼　笼　笼

bāo
包　包　包

jiǎo
饺　饺　饺

20　èrshí

第4课 dì sì kè　これはシューマイですか？

1 声調符号を書き取り、言ってみましょう。　TM 37 CD

qingjiao rousi	huiguorou	baozi	xingren doufu
青椒 肉丝	回锅肉	包子	杏仁 豆腐

2 ピンインに注意して言ってみましょう。　TM 38 CD

z	zì 字	zuò 坐	Zàngzú 藏族
c	cí 词	cǎi 踩	Cáo Cāo 曹操
s	sì 四	sòng 送	sīsuǒ 思索

3 料理名を言ってみましょう。　TM 39 CD

mápó dòufu	chǎofàn	tāngmiàn	gānshāo xiārén
麻婆 豆腐	炒饭	汤面	干烧 虾仁

気をつけて書きましょう。

tóu 头 头 头　　chǎo 炒 炒 炒

fàn 饭 饭 饭　　tāng 汤 汤 汤

èrshiyī

1 これはシューマイですか？

寺本 Sìběn： Zhè shì shāomài ma?
这 是 烧卖 吗？

李 Lǐ： Bú shì, zhè shì xiǎolóngbāo.
不是，这 是 小笼包。

寺本 Sìběn： Hǎochī ma?
好吃 吗？

李 Lǐ： Hěn hǎochī. Qǐng chángchang ba.
很 好吃。请 尝尝 吧。

1 言ってみましょう。

Zhè shì ＿＿ ma?　　Bú shì, zhè shì ＿＿ .
这 是 ＿＿ 吗？ － 不 是，这 是 ＿＿ 。

xīguā 西瓜 　　lí 梨 　　mántou 馒头

2 CDを聞いて、聞こえた順番を（ ）に書いてみましょう。

( ) pútao 葡萄　　( ) mángguǒ 芒果 　　( ) táozi 桃子

( ) xiāngjiāo 香蕉 　　( ) píngguǒ 苹果 　　( ) lìzhī 荔枝

気をつけて書きましょう。

cháng 尝　　guā 瓜

第 4 课 dì sì kè　これはシューマイですか？

2　あれは何？

Sìběn　　　　Nà shì shénme?
寺本　　：那　是　什么？

Lǐ　　　　　Shì shuǐjiǎo.
李　　　：是　水饺。

Sìběn　　　　Zhè yě shì shuǐjiǎo ma?
寺本　　：这　也是　水饺　吗？

Lǐ　　　　　Bù, zhè shì húntun.
李　　　：不，这　是　馄饨。

1　単語を入れて、対話してみましょう。

　　　Zhè shì shénme?
A：这　是　什么？

　　　Shì 　　　　．
B：是　　　　。

　　　Nà yě shì 　　　 ma?
A：那　也　是　　　　吗？

　　　Bú shì, nà shì 　　　　．
B：不　是，那　是　　　　。

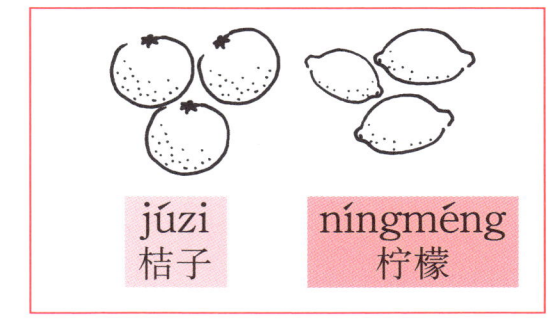

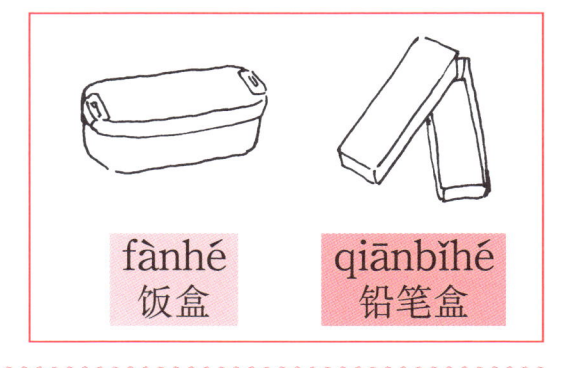

júzi　　　　níngméng
桔子　　　　柠檬

diànnǎo　　diànzǐ cídiǎn　　fànhé　　qiānbǐhé
电脑　　　电子　词典　　　饭盒　　铅笔盒

気をつけて書きましょう。

diàn　　　　　　　　　　nǎo
电　电　电　　　脑　脑　脑

èrshisān　23

練習問題

1 絵を見ながらCDを聞いて、中国語で答えましょう。

1 _____

2 _____

3 _____

4 _____

kāikǒuxiào
开口笑

2 絵を見て、日本語の意味に合うように下線部に中国語を書き入れ、会話を完成させましょう。

　　　Zhè shì
A：这　是　_____？（これは何？）

　　　Shì xiǎolóngbāo.
B：是　小笼包。

　　　Hǎochī ma?
A：好吃　吗？

　　　　　　　　　　　　Qǐng chángchang ba.
B：_____。（おいしいよ。）请　尝尝　吧。

èrshisì

第4課 これはシューマイですか？

絵を見て、先生の質問に中国語で答えましょう。

| hēibǎn | dìtú | kèchéngbiǎo | zhuōzi |
| 黑板 | 地图 | 课程表 | 桌子 |

| guàzhōng | shūjià | yǐzi |
| 挂钟 | 书架 | 椅子 |

1 _____

2 _____

3 _____

4 _____

5 _____

6 _____

第 dì 5 wǔ 课 kè

好喝！

おいしい！

巻末の語いリストを見て書きましょう。

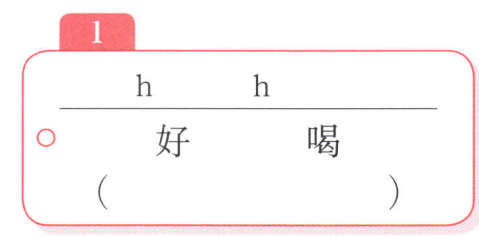

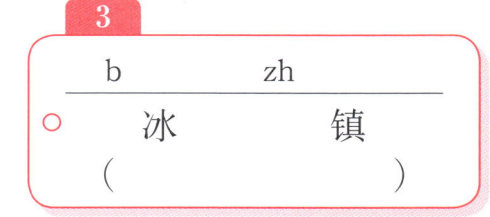

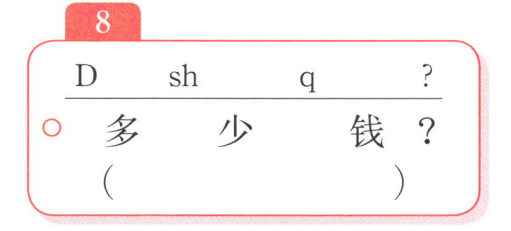

Student 26
CD 47

1
h___ h___
好　喝
(　　　　　)

2
r___
热
(　　　　　)

3
b___ zh___
冰　镇
(　　　　　)

4
g___
贵
(　　　　　)

5
p___ l___
漂　亮
(　　　　　)

6
y___
要
(　　　　　)

7
N___ k___ !
你　看　！
(　　　　　)

8
D___ sh___ q___ ?
多　少　钱　？
(　　　　　)

気をつけて書きましょう。

hē
喝　喝　喝

qián
钱　钱　钱

26　èrshiliù

第 5 课 dì wǔ kè　おいしい！

1 適切な語を選んで記入し、読んでみましょう。

ジャスミン茶はおいしい	（　　　　　）	hěn hǎohē 很　好喝
ハンバーガーはおいしい	（　　　　　）	hěn hǎochī 很　好吃
彼はカッコイイ	（　　　　　）	hěn kù 很　酷
彼女はきれいだ	（　　　　　）	hěn piàoliang 很　漂亮
天気が良くない	（　　　　　）	bù hǎo 不　好
（身体は）元気ではない	（　　　　　）	bù hǎo 不　好

shēntǐ 身体	tā 他	tā 她	huāchá 花茶	hànbǎobāo 汉堡包	tiānqì 天气

2 言ってみましょう。

Nǐ kàn! 你 看！

Zhēn hǎohē! 真 好喝！

Tài guì le! 太 贵 了！

Duōshao qián? 多少 钱？

1 おいしい！

泽田 (Zétián):
Jīntiān hěn rè, wǒ yào bīngzhèn kělè.
今天 很 热，我 要 冰镇 可乐。

李 (Lǐ):
Wǒ bú yào bīngzhèn de, yào rè kāfēi.
我 不 要 冰镇 的，要 热 咖啡。

泽田 (Zétián):
Zhēn hǎohē!
真 好喝！

1 言ってみましょう。

Wǒ bú yào （　　　）, yào （　　　）.
我 不 要 （　　　），要 （　　　）。

kělè　　　　kāfēi　　　　niúnǎi
可乐　　　　咖啡　　　　牛奶

hóngchá　　huāchá　　wūlóngchá
红茶　　　　花茶　　　　乌龙茶

第 5 课 dì wǔ kè　おいしい！

2 すっごくキレイ！

Student 28

Sìběn 寺本	：	Nǐ kàn!　Zhège jièzhi zhēn piàoliang! 你看！这个 戒指 真 漂亮！
Lǐ 李	：	Duōshao qián? 多少 钱？
Sìběn 寺本	：	Yíwàn Rìyuán. 一万 日元。
Lǐ 李	：	Tài guì le! 太 贵 了！

1 言ってみましょう。

Nǐ kàn!　Zhège　　　　　　zhēn　piàoliang!
你 看！这个（　　　）真　漂亮！

jièzhi　　　　xié　　　　diàoshì
戒指　　　　鞋　　　　吊饰

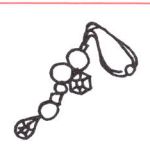

2 品物と値段をそれぞれ入れ替えて対話してみましょう。

A： Zhège hànbǎobāo duōshao qián?
　　这个 汉堡包 多少 钱？

B： Wǔbǎi Rìyuán.
　　五百 日元。

A： Tài guì le!
　　太 贵 了！

diàoshì　／　yìqiān sānbǎi　Rìyuán
吊饰　／　一千 三百　日元

shūbāo　／　liùqiān bābǎi　Rìyuán
书包　／　六千 八百　日元

練習問題

1 CDを聞いて文を完成させましょう。

1 Nǐ kàn! Zhège jièzhi
   你 看！ 这个 戒指（　　　　　）！

2 Nǐ kàn! Tā
   你 看！ 她 （　　　　　）！

3 Nǐ kàn! Tā
   你 看！ 他 （　　　　　）！

4 Zhège hànbǎobāo
   这个 汉堡包 （　　　　　）。

5 Zhège kāfēi
   这个 咖啡 （　　　　　）。

2 CDを聞いて（　　）に適切な語を選んで記入しましょう。

1 Jīntiān 今天（　　　　　）。　2 Jīntiān 今天（　　　　　）。

3 Jīntiān 今天（　　　　　）。　4 Jīntiān 今天（　　　　　）。

hěn lěng　　很 冷

hěn rè　　很 热

hěn liángkuai　　很 凉快

hěn nuǎnhuo　　很 暖和

第5課 おいしい！

中国の通貨

100元

50元

20元

10元

5元

1元

5角

2角

1角

1元

5角

1角

5分

2分

1分

sānshíyī

第 6 课 (dì liù kè)

ある、いる

你有…

巻末の語いリストを見て書きましょう。

Student 31
CD TM 57

1.
___y___
有
(　　　　　)

2.
___m___　___y___
没　有
(　　　　　)

3.
___b___　___x___
笔　芯
(　　　　　)

4.
___g___
给
(　　　　　)

5.
___zh___　___p___
照　片
(　　　　　)

6.
___k___　___a___
可　爱
(　　　　　)

7.
___m___
猫
(　　　　　)

8.
___ch___　___w___
宠　物
(　　　　　)

気をつけて書きましょう。

ài
爱　爱　爱

sānshí'èr

第 6 课 dì liù kè ある、いる

1 言ってみましょう。

Wǒ yǒu
我 有（　　　）。

bǐxīn	zhàopiàn	māo	gǒu
笔芯	照片	猫	狗

gēge	jiějie	dìdi	mèimei
哥哥	姐姐	弟弟	妹妹

2 言ってみましょう。

Yǒu.
有。

Méi yǒu.
没 有。

Nǐ yào ma?
你 要 吗？

Duì bu duì?
对 不 对？

気をつけて書きましょう。
chǒng
宠　宠

sānshisān

Student 32

1 持ってる？

泽田 Zétián : Nǐ yǒu bǐxīn ma?
你 有 笔芯 吗？

李 Lǐ : Yǒu. Nǐ yào ma?
有。你 要 吗？

泽田 Zétián : Xièxie, gěi wǒ yì gēn ba.
谢谢，给 我 一 根 吧。

1 何を持っていますか？対話してみましょう。

A: Nǐ yǒu ( ) ma?
你 有（　　　　）吗？

B: Yǒu. / Méi yǒu.
有。／ 没 有。

xiàngpí	yuánzhūbǐ	zhàopiàn
橡皮	圆珠笔	照片
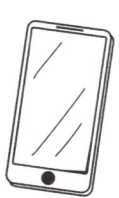 shǒujī	qián	jièzhi
手机	钱	戒指

気をつけて書きましょう。

xiàng 橡 橡 橡

yuán 圆 圆 圆

第6课 dì liù kè ある、いる

2 ペットいる？

Lǐ
李： Wǒ nánpéngyou jiā yǒu yì zhī fēicháng kě'ài de tùzi. Nǐ jiā yǒu chǒngwù ma?
我 男朋友 家有一只 非常 可爱 的兔子。你家有 宠物 吗？

Sìběn
寺本： Wǒ jiā méi yǒu tùzi, yǒu yì zhī hěn kě'ài de māo.
我家没有兔子，有一只很可爱的猫。

Lǐ
李： Nǐ yǒu zhàopiàn ma? Gěi wǒ kànkan.
你有 照片 吗？给我 看看。

Sìběn
寺本： Yǒu. Nǐ kàn, hěn kě'ài, duì bu duì?
有。你看，很可爱，对不对？

1 （ ）に言葉を入れて対話してみましょう。

A： Nǐ jiā yǒu　　　　　ma?
你 家 有（　　　）吗？

B： Wǒ jiā méi yǒu　　　　, yǒu yì zhī hěn kě'ài de　　　　.
我 家 没 有（　　　），有 一 只 很 可爱 的（　　　）。

| xiǎoniǎo | cāngshǔ | tùzi | gǒu | māo |
| 小鸟 | 仓鼠 | 兔子 | 狗 | 猫 |

気をつけて書きましょう。

tù　兔　　　shǔ　鼠

sānshiwǔ 35

練習問題

1 絵を見て答えましょう。

Zhāng lǎoshī　　　　　Sìběn tóngxué　　　　　Zétián tóngxué
张　老师　　　　　　寺本　同学　　　　　　泽田　同学

1　Zhāng lǎoshī yǒu cídiǎn ma?
　　张　老师　有　词典　吗？

　　Zhāng lǎoshī　　　　　　　　　cídiǎn.
　　张　老师（　　　　　　）词典。

　　Tā　　　　　diànzǐ cídiǎn.
　　她（　　　　　）电子　词典。

2　Sìběn tóngxué yǒu dìdi ma?
　　寺本　同学　有　弟弟　吗？

　　Sìběn tóngxué　　　　　　　　dìdi.
　　寺本　同学（　　　　　）弟弟。

　　Tā yǒu　　　　　　.
　　她　有（　　　　）。

3　Zétián tóngxué yǒu bǐxīn ma?
　　泽田　同学　有　笔芯　吗？

　　Zétián tóngxué méi yǒu　　　　　．
　　泽田　同学　没　有（　　　　　）。

　　Tā yǒu　　　　　　.
　　他　有（　　　　）。

第6課 ある、いる

2 絵を見て誰が何を持っているか中国語で答えましょう。 Student 35 / TM 65 CD

bīngxié
冰鞋

---

3 誰がどんなペットを飼っていますか？
CDを聞いて線で結びましょう。 Student 36 / TM 66 CD

Sìběn tóngxué　　　　Zétián tóngxué　　　　Yuǎnténg tóngxué
・寺本　同学　　　　・泽田　同学　　　　・远藤　同学

sānshiqī

第 7 课 (dì qī kè)

下载了。

しました

巻末の語いリストを見て書きましょう。

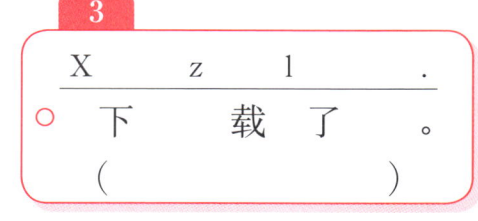

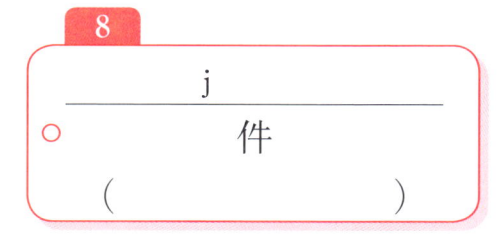

Student 37
CD TM 67

1
Q___ l___.
去 了 。
(　　　　　)

2
M___ l___.
买 了 。
(　　　　　)

3
X___ z___ l___.
下 载 了 。
(　　　　　)

4
y___ j___ … l___
已 经 … 了
(　　　　　)

5
sh___ j___ l___ sh___
手 机 铃 声
(　　　　　)

6
d___ j___ j___
大 减 价
(　　　　　)

7
T x___ sh___
T 恤 衫
(　　　　　)

8
___ j___
件
(　　　　　)

気をつけて書きましょう。

zǎi
载　载　载

38　sānshíbā

第7課 dì qī kè しました

1 意味が合うものを選んで線で結んでみましょう。

ダウンロードする ・　　　・ dàjiǎnjià
　　　　　　　　　　　　　大减价

着うた ・　　　・ Txùshān
　　　　　　　　T恤衫

買う ・　　　・ qù
　　　　　　去

バーゲン ・　　　・ shǒujī língshēng
　　　　　　　　手机　铃声

Tシャツ ・　　　・ xiàzǎi
　　　　　　下载

行く ・　　　・ mǎi
　　　　　买

2 言ってみましょう。

Mǎi le.
买 了。

Qù le.
去 了。

Xiàzǎi le.
下载 了。

Chī le.
吃 了。

Hē le.
喝 了。

Kàn le.
看 了。

sānshíjiǔ 39

1 バーゲン行った？

寺本 Sìběn：Dàjiǎnjià, nǐ qù le ma?
大减价，你去了吗？

李 Lǐ：Qù le.
去了。

寺本 Sìběn：Nǐ mǎi shénme le?
你买什么了？

李 Lǐ：Mǎile yí jiàn Txùshān.
买了一件T恤衫。

1 何を買いましたか？（　　）に言葉を入れて対話してみましょう。

A：Nǐ mǎi shénme le?
你买什么了？

B：Mǎile （　　　　　）.
买了（　　　　　）。

| yí jiàn Txùshān | yì shuāng xié | yì tiáo kùzi | yí ge shūbāo |
| 一件T恤衫 | 一双鞋 | 一条裤子 | 一个书包 |

気をつけて書きましょう。

kù 裤 裤 裤

xié 鞋 鞋 鞋

第7課 dì qī kè しました

2 新しい着うた、ダウンロードした？

Zétián 泽田：Xīn chū de shǒujī língshēng nǐ xiàzǎi le ma?
新 出 的 手机 铃声 你 下载 了 吗？

Lǐ 李：Hái méi xiàzǎi ne, nǐ ne?
还 没 下载 呢，你 呢？

Zétián 泽田：Wǒ yǐjīng xiàzǎi le.
我 已经 下载 了。

1 言ってみましょう。

Xīn chū de shǒujī língshēng nǐ xiàzǎi le ma?
新 出 的 手机 铃声 你 下载 了 吗？

Wǒ yǐjīng xiàzǎi le.
我 已经 下载 了。

Wǒ hái méi xiàzǎi ne.
我 还 没 下载 呢。

気をつけて書きましょう。

yǐ
已 已 已

jīng
经 经 经

sìshiyī 41

練習問題

1 何をしましたか？絵を見て中国語で書きましょう。

1 _____

2 _____

3 _____

4 _____

5 _____

6 _____

2 意味が通じるように線で結んでみましょう。

Shǒujī língshēng,　　　　　　　　　　　nǐ qù le ma?
手机　铃声,　·　　　　　　　　　·　你 去 了 吗？

Xīn chū de CD,　　　　　　　　　　　yí jiàn Txùshān.
新　出 的 CD,　·　　　　　　　　　·　一 件　T恤衫。

Wǒ mǎile　　　　　　　　　　　　　nǐ tīng le ma?
我　买了　·　　　　　　　　　　·　你 听 了 吗？

Dàjiǎnjià,　　　　　　　　　　　　nǐ xiàzǎi le ma?
大减价,　·　　　　　　　　　　·　你 下载 了 吗？

42　sìshi'èr

第7課 しました

3 絵を見て答えを記入しましょう。

1　Zétián tóngxué lái le ma?
　泽田　同学　来了吗？

_____

2　Sìběn tóngxué chīfàn le ma?
　寺本　同学　吃饭了吗？

_____

3　Tā mǎi shénme le?
　他买　什么　了？

_____

4 絵を見て質問に中国語で答えましょう。

1　_____

2　_____

第8课 (dì bā kè)

还是…？

それとも…？

巻末の語いリストを見て書きましょう。

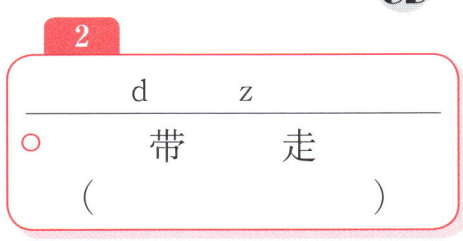

Student 41
CD 75

1
h____ sh____
还　是
(　　　　　)

2
d____ z____
带　走
(　　　　　)

3
z____ zh____ ch____
在　这儿　吃
(　　　　　)

4
J____ w____ b____
巨　无　霸
(　　　　　)

5
l____
两
(　　　　　)

6
d____
点
(　　　　　)

7
b____
杯
(　　　　　)

8
x____ z____
星　座
(　　　　　)

気をつけて書きましょう。

dài
带　带　带

bà
霸　霸　霸

44　sìshísì

第8课 dì bā kè　それとも…？

1 読んでみましょう。"—还是—？"

Kāfēi　háishi　hóngchá?
咖啡　还是　红茶？

Wūlóngchá　háishi　hóngchá?
乌龙茶　还是　红茶？

Xiǎoxióngmāo　háishi　dàxióngmāo?
小熊猫　还是　大熊猫？

Shí　diǎn　háishi　liǎng diǎn?
十　点　还是　两　点？

2 線で結びましょう。

zài zhèr chī
在 这儿 吃　・　　　・ ビッグマック

dàizǒu
带走　・　　　・ テイクアウトする

kělè
可乐　・　　　・ ここで食べる

Jùwúbà
巨无霸　・　　　・ コーラ

気をつけて書きましょう。

lè　　　　　　　liǎng
乐　乐　乐　　　两　两　两

sìshiwǔ　45

1 au？それとも docomo？ しし座？それともおとめ座？

寺本 Sìběn：
Nǐ de shǒujī shì au háishi docomo?
你 的 手机 是 au 还是 docomo?

李 Lǐ：
Wǒ de shǒujī shì au.
我 的 手机 是 au。

寺本 Sìběn：
Wǒ de shēngrì shì bā yuè èrshisān hào.
我 的 生日 是 八 月 二十三 号。

李 Lǐ：
Nǐ de xīngzuò shì shīzizuò háishi shìnǚzuò?
你 的 星座 是 狮子座 还是 室女座？

寺本 Sìběn：
Shì shìnǚzuò.
是 室女座。

1 自分の星座を言ってみましょう。

Wǒ de xīngzuò shì
我 的 星座 是（　　　　　　）。

báiyángzuò 白羊座	jīnniúzuò 金牛座	shuāngzǐzuò 双子座
jùxièzuò 巨蟹座	shīzizuò 狮子座	shìnǚzuò 室女座
tiānchèngzuò 天秤座	tiānxiēzuò 天蝎座	shèshǒuzuò 射手座
mójiézuò 摩羯座	shuǐpíngzuò 水瓶座	shuāngyúzuò 双鱼座

46　sìshiliù

第8课 dì bā kè それとも…？

2 お持ち帰りですか？

店员 diànyuán ： Huānyíng guānglín!
欢迎 光临！

泽田 Zétián ： Wǒ yào yí ge Jùwúbà hé yì bēi kělè.
我 要 一 个 巨无霸 和 一 杯 可乐。

店员 diànyuán ： Zài zhèr chī háishi dàizǒu?
在 这儿 吃 还是 带走？

泽田 Zétián ： Dàizǒu.
带走。

1 注文してみましょう。

A： Huānyíng guānglín!
欢迎 光临！

B： Wǒ yào yí ge (　　　　) hé yì bēi (　　　　).
我 要 一 个 (　　　　) 和 一 杯 (　　　　)。

Màidāngláo 麦当劳　càidān 菜单

| hànbǎobāo | jíshìhànbǎobāo | Jùwúbà |
| 汉堡包 | 吉士汉堡包 | 巨无霸 |

| kāfēi | niúnǎi | Fēndá | kělè |
| 咖啡 | 牛奶 |  芬达 | 可乐 |

練習問題

1 絵を見て質問に中国語で答えましょう。

1. Zétián tóngxué zài zhèr chī háishi dàizǒu?
   泽田 同学 在 这儿 吃 还是 带走？

   _____

2. Lǐ tóngxué shì mójiézuò háishi shuǐpíngzuò?
   李 同学 是 摩羯座 还是 水瓶座？

   _____

3. Sìběn tóngxué de jiějie dǎ wǎngqiú háishi huáxuě?
   寺本 同学 的 姐姐 打 网球 还是 滑雪？

   _____

4. Zétián tóngxué chī hànbǎobāo háishi chī dàndanmiàn?
   泽田 同学 吃 汉堡包 还是 吃 担担面？

   _____

5. Sìběn tóngxué tīng CD háishi kàn shū?
   寺本 同学 听 CD 还是 看 书？

   _____

6. Zétián tóngxué jiā yǒu māo háishi yǒu gǒu?
   泽田 同学 家 有 猫 还是 有 狗？

   _____

第8課 それとも…?

2 絵を見て「〜か、それとも〜か」という文を作りましょう。

1. _____

2. _____

3. _____

4. _____

3 CDを聞いて（　）に語句を記入しましょう。

Student 44
TM 82
CD

店員 diànyuán：Huānyíng guānglín!
欢迎 光临！

李 Lǐ：Wǒ yào（　　）ge（　　　　）hé（　　）bēi
我 要（　　）个（　　　　）和（　　）杯
（　　　　）。

店员 diànyuán：Zài zhèr chī háishi dàizǒu?
在 这儿 吃 还是 带走？

李 Lǐ：（　　　　　　　　）。

第 9 課 (dì jiǔ kè)

看见了！

どこにいるの？

巻末の語いリストを見て書きましょう。

Student 45
CD 83

1. 迟到 （　　　）
2. 哪儿 （　　　）
3. 在 （　　　）
4. 便利店 （　　　）
5. 怎么啦？ （　　　）
6. 好像 （　　　）
7. 把 （　　　）
8. 丢了。 （　　　）

気をつけて書きましょう。

nǎ 哪 哪 哪

me 么 么 么

wǔshí

第9课 dì jiǔ kè どこにいるの？

1 誰がどこにいますか。絵を見て線で結びましょう。

túshūguǎn
图书馆

jiàoyuánshì
教员室

biànlìdiàn
便利店

chúfáng
厨房

Màidāngláo
麦当劳

Zhāng lǎoshī
张　老师　•　　　　　•　便利店　biànlìdiàn

Lǐ tóngxué
李　同学　•　　　　　•　厨房　chúfáng

Zétián tóngxué
泽田　同学　•　　　　•　图书馆　túshūguǎn

Sìběn tóngxué
寺本　同学　•　　　　•　麦当劳　Màidāngláo

bàba
爸爸　•　　　　　　　•　教员室　jiàoyuánshì

2 言ってみましょう。

Zěnme la?
怎么 啦？

Zāogāo!
糟糕！

Nǎli nǎli.
哪里 哪里。

Wéi!
喂！

Kànjiàn le!
看见 了！

wǔshiyī

1 どこにいるの？

远藤 (Yuǎnténg): 喂？
Wéi?

李 (Lǐ): 喂，对不起，我 迟到 了！
Wéi, duìbuqǐ, wǒ chídào le!

远藤 (Yuǎnténg): 哪里 哪里。
Nǎli nǎli.

李 (Lǐ): 你 在 哪儿 呢？
Nǐ zài nǎr ne?

远藤 (Yuǎnténg): 我 在 便利店 里。
Wǒ zài biànlìdiàn li.

李 (Lǐ): 哪个 便利店？
Nǎge biànlìdiàn?

远藤 (Yuǎnténg): 麦当劳 旁边 的。
Màidāngláo pángbiān de.

李 (Lǐ): 噢！ 看见 了！
Ō! Kànjiàn le!

1 言ってみましょう。

我 在（　　　）里。
Wǒ zài（　　　）li.

jiàoshì 教室

yīyuàn 医院

shāngdiàn 商店

shítáng 食堂

lǐfàguǎn 理发馆

第9课 dì jiǔ kè どこにいるの？

2 なくしちゃったみたい…！

寺本 Siběn：Wǒ de shǒujī zài nǎr?
我的手机在哪儿？

李 Lǐ：Zěnme la?
怎么啦？

寺本 Siběn：Wǒ hǎoxiàng bǎ shǒujī diū le!
我好像把手机丢了！

李 Lǐ：Zāogāo!
糟糕！

1 なくしたものは何ですか。言ってみましょう。

A：Nǐ zěnme la?
你怎么啦？

B：Wǒ hǎoxiàng bǎ （ ） diū le!
我好像把（ ）丢了！

A：Zāogāo!
糟糕！

|  yuánzhūbǐ | xiàngpí | qiánbāo | yuèpiào |
| 圆珠笔 | 橡皮 | 钱包 | 月票 |

| kèběn | běnzi | cídiǎn | shǒubiǎo |
| 课本 | 本子 | 词典 | 手表 |

wǔshisān

練習問題

1 CDを聴いてそれぞれの場所にいる人を □内に書きましょう。

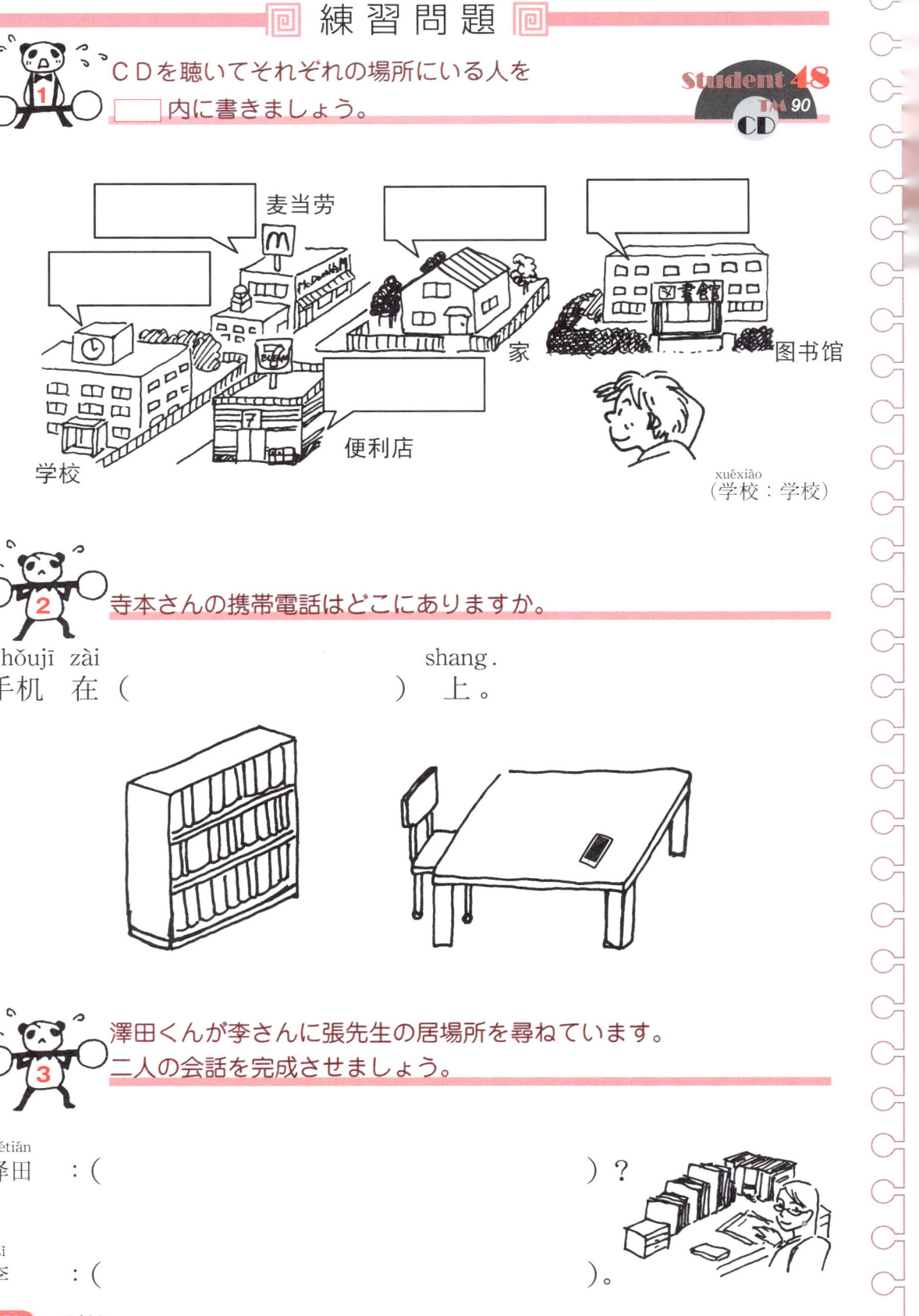

麦当劳
家
图书馆
学校
便利店

(学校：学校) xuéxiào

2 寺本さんの携帯電話はどこにありますか。

Shǒujī zài　　　　　　　　　　shang.
手机 在（　　　　　　　　　）上。

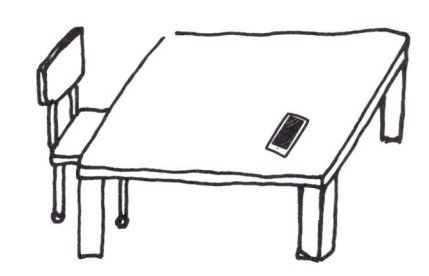

3 澤田くんが李さんに張先生の居場所を尋ねています。
二人の会話を完成させましょう。

Zétián
泽田　：（　　　　　　　　　　　　　　　　）？

Lǐ
李　　：（　　　　　　　　　　　　　　　　）。

第9課 どこにいるの？

4 絵を見て答えを書きましょう。

yīnyuèshì
音乐室

bǎojiànshì
保健室

tǐyùguǎn
体育馆

Zétián tóngxué zài nǎr?
泽田 同学 在 哪儿？　（　　　　　　　　　　）

Zhāng lǎoshī zài nǎr?
张　老师 在 哪儿？　（　　　　　　　　　　）

Sìběn tóngxué zài nǎr?
寺本 同学 在 哪儿？　（　　　　　　　　　　）

wǔshiwǔ 55

第 dì 10 kè 课

打电话呢

電話中なの

巻末の語いリストを見て書きましょう。

1. 毕业 （　　　　）
2. 想 （　　　　）
3. 做 （　　　　）
4. 考 （　　　　）
5. 正在 （　　　　）
6. 打扫 （　　　　）
7. 电话 （　　　　）
8. 小时 （　　　　）

気をつけて書きましょう。

bì 毕 毕 毕　　yè 业 业 业

第10课 dì shí kè 電話中なの

1 誰が何をしていますか。絵を見て線で結びましょう。

Zétián tóngxué 泽田　同学		chīfàn 吃饭
Sìběn tóngxué de jiějie 寺本　同学　的　姐姐		huàzhuāng 化妆
Zhāng lǎoshī 张　老师	zhèngzài 正在	dǎ diànhuà 打　电话
Zétián tóngxué de mèimei 泽田　同学　的　妹妹		zuò zuòyè 做　作业
Lǐ tóngxué 李　同学		kǎolǜ 考虑

ne.
呢。

2 言ってみましょう。

Chīfàn ba！	Xuéxí ba！	Qǐchuáng ba！	Xǐ wǎn ba！
吃饭 吧！	学习 吧！	起床 吧！	洗 碗 吧！

wǔshíqī

1 電話中なの

妈妈 (māma): Èi! Dǎsǎo fángjiān ba!
欸！打扫 房间 吧！

李惠 (Lǐ Huì): Bù! Wǒ zhèngzài dǎ diànhuà ne!
不！我 正在 打 电话 呢！

妈妈 (māma): Āiyō! Hái méi wán ne? Dōu yí ge xiǎoshí le!
哎哟！还 没 完 呢？都 一 个 小时 了！

李惠 (Lǐ Huì): Cái yí ge xiǎoshí…
才 一 个 小时…

1
澤田くんは何をしているところでしょう？
絵を見て吹き出しのセリフを完成させましょう。

Zhèngzài ( ) ne.
正在 （ ） 呢。

- dǎ diànhuà 打 电话
- kàn diànshì 看 电视  
- shuìjiào 睡觉 
- kàn mànhuà 看 漫画 

気をつけて書きましょう。

sǎo 扫　　kǎo 考

wǔshíbā

第10课 dì shí kè 電話中なの

2 考えているところ

Zétián
泽田 ： Bìyè hòu, nǐmen xiǎng zuò shénme?
毕业后，你们想做什么？

Lǐ
李 ： Wǒ xiǎng kǎo dàxué.
我想考大学。

Sìběn
寺本 ： Wǒ xiǎng gōngzuò,
我想工作，

xiǎng dāng lǐfàshī. Nǐ ne?
想当理发师。你呢？

Zétián
泽田 ： Hái méi juédìng. Wǒ zhèngzài kǎolǜ ne.
还没决定。我正在考虑呢。

---

1 （　　）に好きな職業名を入れて言ってみましょう。

Wǒ xiǎng dāng
我 想 当（　　　　　）。

| gēshǒu | jǐngchá | hùshi |
| 歌手 | 警察 | 护士 |

| sījī | fānyì | yùndòngyuán |
| 司机 | 翻译 | 运动员 |

wǔshíjiǔ

練習問題

1 絵を見て答えましょう。

Zétián tóngxué xiànzài zuò shénme?
泽田 同学 现在 做 什么？ (　　　　　)

Zhāng lǎoshī xiànzài zuò shénme?
张 老师 现在 做 什么？ (　　　　　)

Sìběn tóngxué xiànzài zuò shénme?
寺本 同学 现在 做 什么？ (　　　　　)

Māma xiànzài zuò shénme?
妈妈 现在 做 什么？ (　　　　　)

Bàba xiànzài zuò shénme?
爸爸 现在 做 什么？ (　　　　　)

shuìjiào
睡觉

chīfàn
吃饭

kàn diànshì
看 电视

dǎ diànhuà
打 电话

xǐ wǎn
洗 碗

第10課 電話中なの

2 絵を参考にしながら、誰がどんな仕事につきたいのか聞き取りましょう。

Zétián de mèimei xiǎng dāng
泽田 的 妹妹 想 当（　　　　　）。

Sìběn de jiějie xiǎng dāng
寺本 的 姐姐 想 当（　　　　　）。

Sìběn tóngxué xiǎng dāng
寺本 同学 想 当（　　　　　）。

Lǐ tóngxué xiǎng dāng
李 同学 想 当（　　　　　）。

3 寺本さんの自己紹介を参考に自己紹介してみましょう。

Nǐ hǎo! Wǒ jiào Sìběn Míngměi.
你 好！ 我 叫 寺本 明美 。

Xiànzài gāozhōng èr niánjí.
现在 高中 二 年级 。

Gāozhōng bìyè hòu, wǒ xiǎng dāng lǐfàshī.
高中 毕业 后，我 想 当 理发师 。

liùshíyī

第 11 课 shí yī kè

可以吗？

辞書を使っていいですか？

巻末の語いリストを見て書きましょう。

1. 下星期　（　　　　）
2. 可以　（　　　　）
3. 考试　（　　　　）
4. 词典　（　　　　）
5. 听说　（　　　　）
6. 电车　（　　　　）
7. 用　（　　　　）
8. 短信　（　　　　）

気をつけて書きましょう。

chē
车　车　车

第11课 dì shíyī kè 辞書を使っていいですか？

1 言ってみましょう。

Kěyǐ yòng（　　）ma?
可以 用（　　）吗？

jiǎnzi
剪子

shǒujī
手机

chǐzi
尺子

diànnǎo
电脑

zhàoxiàngjī
照相机

2 何の標識か考えてみましょう。

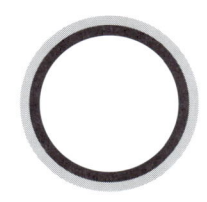

jìnzhǐ tōngxíng
禁止 通行

qǐng wù xīyān
请 勿 吸烟

qǐng wù chùmō
请 勿 触摸

jìnzhǐ pāizhào
禁止 拍照

jìnzhǐ diàotóu
禁止 掉头

jìnzhǐ tíngchē
禁止 停车

1 辞書を使っていいですか？

张老师 Zhāng lǎoshī：下星期 有 期中 考试。
Xiàxīngqī yǒu qīzhōng kǎoshì.

泽田 Zétián：哎呀！
Āiyā!

寺本 Sìběn：老师，考试 时，可以 查 词典 吗？
Lǎoshī, kǎoshì shí, kěyǐ chá cídiǎn ma?

张老师 Zhāng lǎoshī：不行！
Bùxíng!

泽田 Zétián：可以 看 课本 吗？
Kěyǐ kàn kèběn ma?

张老师 Zhāng lǎoshī：也 不行！ 别 说话！ 安静 点儿！
Yě bùxíng! Bié shuōhuà! Ānjìng diǎnr!

1 絵を見て話しましょう。

A：可以（　　　　　）吗？
　　Kěyǐ　　　　　　ma?

B：不行！
　　Bùxíng!

気をつけて書きましょう。
chá
查

64　liùshísì

第11课 dì shíyī kè 辞書を使っていいですか？

2 ペットOK？

李 Lǐ：Zhège shāngdiàn kěyǐ dài chǒngwù lái ma?
这个 商店 可以 带 宠物 来 吗？

寺本 Sìběn：Tīngshuō kěyǐ.
听说 可以。

李 Lǐ：Diànchē li kěyǐ yòng shǒujī ma?
电车 里 可以 用 手机 吗？

寺本 Sìběn：Yìbān shì fā duǎnxìn kěyǐ, tōnghuà bùxíng.
一般 是 发 短信 可以，通话 不行。

1 絵を見て（　）内の語を入れ替え、例にならって対話しましょう。

A：（　）li kěyǐ dài chǒngwù lái ma?
（　）里 可以 带 宠物 来 吗？

B：Bùxíng. / Kěyǐ.
不行。 / 可以。

yīyuàn
医院

bǎihuò shāngdiàn
百货 商店

yóujú
邮局

shítáng
食堂

lǐfàguǎn
理发馆

biànlìdiàn
便利店

練習問題

映画館で寺本さんと李さんが話しています。
絵を見て会話を完成させましょう。

李 Lǐ : _____ 里 li _____ 吃饭 chīfàn _____ ?

寺本 Sìběn : 吃饭 Chīfàn 不行 bùxíng 吧。吃 Chī _____ 可以 kěyǐ 。

李 Lǐ : _____ 喝 hē 饮料 yǐnliào _____ ?

寺本 Sìběn : _____ 。咱们 Zánmen 喝 hē 可乐 kělè 吧 ba 。
（咱们 zánmen：私たち）

李 Lǐ : 用 Yòng 手机 shǒujī 不行 bùxíng 吧 ba ?

寺本 Sìběn : 看 Kàn 电影 diànyǐng 时 shí 不行 bùxíng 。

【电影院】
diàn yǐng yuàn

可乐 kělè
爆玉米花 bàoyùmǐhuā

第11課 辞書を使っていいですか？

2 尋ねてみましょう。

Zhèr kěyǐ _____ ma?
这儿 可以 _____ 吗？

chīfàn　　　　pāizhào　　　　shuìjiào
吃饭　　　　　拍照　　　　　睡觉

hē yǐnliào　　　xuéxí　　　yòng shǒujī
喝 饮料　　　　学习　　　　用 手机

3 CDの質問に答えましょう。

1 _____
2 _____
3 _____
4 _____
5 _____

liùshíqī

第 dì 12 kè 课 shí'er

一起去吧！

一緒に行かない？

巻末の語いリストを見て書きましょう。

1. 咱们 (　　　　　)
2. 一起 (　　　　　)
3. 东西 (　　　　　)
4. 穿 (　　　　　)
5. 教 (　　　　　)
6. 问 (　　　　　)
7. 滑雪 (　　　　　)
8. 空儿 (　　　　　)

気をつけて書きましょう。

dōng 东　东　东

huá 滑　滑　滑

第12课 dì shí'èr kè 一緒に行かない？

1 絵を見て線で結びましょう。

Yuǎnténg tóngxué	qù túshūguǎn	chīfàn.
远藤 同学 •	• 去 图书馆 •	• 吃饭。
Lǐ tóngxué	qù shāngdiàn	kàn shū.
李 同学 •	• 去 商店 •	• 看 书。
Zhāng lǎoshī	qù gōngyuán	mǎi dōngxi.
张 老师 •	• 去 公园 •	• 买 东西。
Sìběn tóngxué	huí jiā	dǎ tàijíquán.
寺本 同学 •	• 回 家 •	• 打 太极拳。

2 言ってみましょう。

Duì le!
对 了！

Tài hǎo le!
太 好 了！

Hái kěyǐ ba.
还 可以 吧。

Zěnmeyàng?
怎么样？

liùshíjiǔ 69

1 好文神社に行ってお参りしない？

寺本 Sìběn：Duì le, Yuándàn zánmen yìqǐ qù Hǎowén Shénshè cānbài, zěnmeyàng?
对了，元旦 咱们 一起 去 好文 神社 参拜，怎么样？

李 Lǐ：Hǎo!
好！

寺本 Sìběn：Nǐ xiǎng bu xiǎng chuān héfú?
你 想 不 想 穿 和服？

李 Lǐ：Xiǎng!
想！

寺本 Sìběn：Wǒ yǒu héfú hé Rìshì cǎolǚ, nǐ chuān ba.
我 有 和服 和 日式 草履，你 穿 吧。

李 Lǐ：Rìshì cǎolǚ shì shénme?
日式 草履 是 什么？

寺本 Sìběn：Ňg… yòng Hànyǔ zěnme shuōmíng ne?
嗯…用 汉语 怎么 说明 呢？

1 絵を見て言ってみましょう。

Yī yuè yī hào shì Yuándàn.
一 月 一 号 是 元旦。

èr yuè sān hào　Jiéfēn
二 月 三 号　节分

sān yuè sān hào　Táohuājié
三 月 三 号　桃花节

wǔ yuè wǔ hào　Duānwǔjié
五 月 五 号　端午节

qī yuè qī hào　Qīxī
七 月 七 号　七夕

bā yuè zhōngxún　Yúlánpénhuì
八 月 中旬　盂兰盆会

第12课 dì shí'èr kè 一緒に行かない？

2 メールで聞いてみるわ

泽田 Zétián：
Xiàxīngqī, zánmen yìqǐ qù huáxuě ba.
下星期，咱们一起去滑雪吧。

寺本 Sìběn：
Wǒ bú huì huáxuě, nǐ huì ma?
我不会滑雪，你会吗？

泽田 Zétián：
Hái kěyǐ ba, wǒ jiāojiao nǐ.
还可以吧，我教教你。

寺本 Sìběn：
Nà, tài hǎo le!
那，太好了！

泽田 Zétián：
Lǐ Huì xiàxīngqī yǒu kòngr ma?
李惠下星期有空儿吗？

寺本 Sìběn：
Wǒ gěi tā fā duǎnxìn wènwen ba!
我给她发短信问问吧！

1 絵を見て（　）に適語を入れましょう。

Míngtiān Zétián zài jiā ma?　　　　　　　　wènwen ba.
明天泽田在家吗？——（　　　）问问吧。

Zhāng lǎoshī yě qù ma?　　　　　　　　wènwen ba.
张老师也去吗？——（　　　）问问吧。

Lǐ Huì huì huáxuě ma?　　　　　　　　wènwen ba.
李惠会滑雪吗？——（　　　）问问吧。

fā duǎnxìn　　　　　fā diànzǐ yóujiàn　　　　　dǎ diànhuà
发短信　　　　　发电子邮件　　　　　打电话

qīshíyī 71

練習問題

1 絵を見て（　　）に言葉を入れて話しましょう。 Student 63 / TM 117

李 Lǐ：（　　　）shì shénme?
　　　（　　　）是 什么？

寺本 Sìběn：Ňg yòng Hànyǔ zěnme shuōmíng ne?
　　　　嗯… 用 汉语 怎么 说明 呢？

wénlè
文乐

gēwǔjì
歌舞伎

pénjǐng
盆景

luòyǔ
落语

xiāngpū
相扑

jiàndào
剑道

2 例にならって、絵を見て話しましょう。 Student 64 / TM 118

Wǒ　qù Màidāngláo　chī hànbǎobāo.
我　去 麦当劳　吃 汉堡包。

72　qīshí'èr

第12課 一緒に行かない？

3 澤田くん、寺本さん、李さんがあなたを誘っています。
CDを聞いて、吹き出しを完成させましょう。

1 Zánmen yìqǐ
   咱们 一起（　　　　　），
   zěnmeyàng?
   怎么样？

2 Zánmen yìqǐ
   咱们 一起（　　　　　），
   zěnmeyàng?
   怎么样？

3 Zánmen yìqǐ
   咱们 一起（　　　　　），
   zěnmeyàng?
   怎么样？

Zhōngguó
（中国：中国）

4 例にならい、あなたも自己紹介をして李さんを誘ってみましょう！

Nǐ hǎo! Wǒ jiào Zétián Xiànguǎng, shì Rìzhōng gāozhōng
你好！我叫 泽田 宪广 ，是 日中 高中

èr niánjí. Wǒ huì dǎ bàngqiú, hái kěyǐ ba. Zánmen yìqǐ qù
二年级。我会 打 棒球 ，还可以吧。咱们 一起 去

Màidāngláo chī hànbǎobāo, zěnmeyàng? Jùwúbà hěn hǎochī!
麦当劳 吃 汉堡包 ，怎么样？ 巨无霸 很 好吃！

qīshisān 73

語いリスト（課別）

各課に出た単語を課ごと、ピンイン順にまとめ日本語訳をつけた。

第1課

八	bā	8
班	bān	クラス、〜組
班长	bānzhǎng	クラスリーダー
杯子	bēizi	コップ
笔	bǐ	鉛筆やボールペンなどの筆記具
唱	chàng	（歌を）歌う
吃	chī	食べる
词	cí	単語
大家	dàjiā	みんな
到	dào	はい〔点呼時の返事〕
点名	diǎnmíng	点呼を取る
读	dú	音読する
饿	è	お腹がすく
耳朵	ěrduo	耳
二	èr	2
二十	èrshí	20
二十二	èrshi'èr	22
二十六	èrshiliù	26
二十一	èrshiyī	21
飞	fēi	飛ぶ
好	hǎo	健康である、良い
号	hào	〜日、〜番
喝	hē	飲む
鸡	jī	ニワトリ
几	jǐ	いくつ〔数を尋ねる〕
今天	jīntiān	今日
九	jiǔ	9
九十九	jiǔshijiǔ	99
开始	kāishǐ	始める
来	lái	来る
老师	lǎoshī	先生
泪	lèi	涙
六	liù	6
妈	mā	お母さん
麻	má	麻
马	mǎ	ウマ
骂	mà	しかる
没（有）	méi(yǒu)	〜していない
们	men	〜達〔人称代詞や人を表す名詞の後ろに用いて複数を表す〕
门	mén	ドア
梦	mèng	夢
年级	niánjí	〜年生
鸟	niǎo	トリ
牛	niú	ウシ
七	qī	7
起立	qǐlì	起立する
请	qǐng	どうぞ〜してください
人	rén	人
日	rì	〜日
三	sān	3
十	shí	10
十二	shí'èr	12
十一	shíyī	11
石头	shítou	石
四	sì	4
寺本	Sìběn	寺本〔人名〕
太阳	tàiyang	太陽
疼	téng	痛い
听	tīng	聞く
同学	tóngxué	クラスメート 〜さん 〜君〔生徒の呼称、名前の後ろに用いる〕
晚上	wǎnshang	夜
五	wǔ	5
现在	xiànzài	今から
象	xiàng	ゾウ
写	xiě	書く
星期	xīngqī	曜日、週
星期三	xīngqīsān	水曜日
学生	xuésheng	生徒、学生
眼睛	yǎnjing	目
夜	yè	夜
一	yī	1
月	yuè	〜月
早上	zǎoshang	朝
泽田	Zétián	澤田〔人名〕
张	Zhāng	張〔人名〕
纸	zhǐ	紙
猪	zhū	ブタ
字	zì	文字
坐	zuò	座る

第2課

啊	à	ああ〔応答の声〕
吧	ba	〜しなさい、〜しましょう〔文末に用いて、命令や提案を表す〕
爸爸	bàba	お父さん
不	bú	〜ではない〔後ろの語が四声の時〕
不	bù	〜ではない いいえ
不是	bú shì	〜ではない いいえ
菜	cài	料理
茶	chá	お茶
吃饭	chīfàn	食事をする
初中生	chūzhōngshēng	中学生
打	dǎ	（傘を）さす （野球を）する （太極拳を）する （電話を）かける
打工	dǎgōng	アルバイトをする
大学生	dàxuéshēng	大学生
倒	dào	注ぐ、つぐ

的	de	～の…		水	shuǐ	水
丢	diū	なくす		说	shuō	話す
队	duì	列、チーム		四十五	sìshiwǔ	45
蹲	dūn	しゃがむ		岁	suì	～歳
多大	duō dà	何歳か、どれくらいか［年齢や大きさ等を尋ねるのに用いる］		他	tā	彼
				她	tā	彼女
高中生	gāozhōngshēng	高校生		谈话	tánhuà	話をする
鬼	guǐ	幽霊		跳舞	tiàowǔ	踊る
还	hái	まずまず		同班	tóngbān	同じクラスである
很	hěn	とても		喂	wèi	お～い［呼びかけるときに使う］
滑冰	huábīng	スケートをする		问	wèn	質問する
滑雪	huáxuě	スキーをする		我	wǒ	私
回	huí	帰る		乌	wū	カラス
会	huì	～ができる		洗	xǐ	洗う
家	jiā	家		线	xiàn	糸
见	jiàn	会う		小学生	xiǎoxuéshēng	小学生
姐姐	jiějie	姉		牙	yá	歯
举	jǔ	（手や足を）あげる		盐	yán	塩
开车	kāichē	車を運転する		摇头	yáotóu	頭を左右に振る
看	kàn	黙読する　見る		爷爷	yéye	父方のおじいちゃん
可以	kěyǐ	よい		也	yě	～もまた
酷	kù	カッコいい		右	yòu	右
困	kùn	眠い		鱼	yú	さかな
了	le	～しました［動作や行為の完了を表す］		真	zhēn	本当に
				真的?!	Zhēn de?!	本当に?!
脸	liǎn	顔		煮	zhǔ	煮る
留学生	liúxuéshēng	留学生		走	zǒu	（その場を離れてどこかへ）行く
路	lù	道路				
吗	ma	～か［文末に用いて、疑問を表す］		做	zuò	（料理を）作る、～する

第3課

妈妈	māma	お母さん
买	mǎi	買う
奶奶	nǎinai	父方のおばあちゃん
男朋友	nánpéngyou	ボーイフレンド
嗯	ńg	あれっ［疑問に思ったりする時に発する］
嗯	ňg	う～ん［相手の意見に同意できない時に発する］
你	nǐ	あなた
你好	nǐ hǎo	こんにちは
女	nǚ	女の
漂亮	piàoliang	美しい
起床	qǐchuáng	起床する
请问	qǐngwèn	お尋ねします
去	qù	（～へ）行く
伞	sǎn	傘
谁	shéi	誰
十八	shíbā	18
是	shì	～です　はい、そうです
手	shǒu	手
手纸	shǒuzhǐ	トイレットペーパー
售票员	shòupiàoyuán	チケット売り場の係員
书	shū	本
刷牙	shuāyá	磨く、ブラシをかける
帅	shuài	カッコいい

啊	a	～ね［文末に用いて、注意を促す時に使う］
棒球	bàngqiú	野球
遍	biàn	～回［始めから終わりまで通しての動作の回数を数える］
不会	bú huì	～できない
不客气	bú kèqi	どういたしまして
长城	Chángchéng	万里の長城
初次	chūcì	初めて
床	chuáng	ベッド
对不起	duìbuqǐ	ごめんなさい
多	duō	多く
高桥	Gāoqiáo	高橋〔人名〕
高中	gāozhōng	高校［"高級中学"の略］
关照	guānzhào	面倒をみる
贵姓	guìxìng	お名前
汉语	Hànyǔ	中国語
吉他	jítā	ギター
见面	jiànmiàn	顔を合わせる
叫	jiào	～という名前です
进来	jìnlai	入ってくる
李	Lǐ	李〔人名〕
铃木	Língmù	鈴木〔人名〕

語いリスト　2　qīshiwǔ

马	Mǎ	馬〔人名〕
慢	màn	ゆっくりである〔"慢走"気をつけてお帰り下さい。〕
没关系	méi guānxi	大丈夫です
明天	míngtiān	明日
名字	míngzi	名前
您	nín	あなた〔"你"の敬称〕
您好	nín hǎo	こんにちは
跑步	pǎobù	ジョギングをする
日中	Rìzhōng	日中〔学校名〕
肉	ròu	(ブタ)肉
软弱	ruǎnruò	(体が)弱い
山	shān	山
生日	shēngrì	誕生日
什么	shénme	どんな 何(の)
十七	shíqī	17
收拾	shōushi	片づける
孙	Sūn	孫〔人名〕
弹	tán	(ギターを)弾く
踢	tī	(サッカーを)する
田中	Tiánzhōng	田中〔人名〕
王	Wáng	王〔人名〕
先	xiān	先に
谢谢	xièxie	ありがとう
姓	xìng	～という名字です
呀	ya	〔文末に用いて、疑問の語気を表す〕
一	yí	1〔後ろの語が四声の時〕
音乐	yīnyuè	音楽
游泳	yóuyǒng	泳ぐ
远藤	Yuǎnténg	遠藤〔人名〕
远藤坚	Yuǎnténg Jiān	遠藤堅〔人名〕
再	zài	再び
再见	zàijiàn	さようなら
泽田宪广	Zétián Xiànguǎng	澤田憲広〔人名〕
赵	Zhào	趙〔人名〕
这	zhè	これ それ こちら(の人)
粥	zhōu	粥
住址	zhùzhǐ	住所
佐藤	Zuǒténg	佐藤〔人名〕
足球	zúqiú	サッカー

第4課

包子	bāozi	(肉まんやあんまん等の)中華まんじゅう
踩	cǎi	踏む
曹操	Cáo Cāo	曹操〔人名〕
尝	cháng	味わう
炒饭	chǎofàn	チャーハン
词典	cídiǎn	辞書
地图	dìtú	地図
电脑	diànnǎo	コンピューター
电子	diànzǐ	電子
饭盒	fànhé	弁当箱
干烧虾仁	gānshāo xiārén	エビのチリソース炒め
挂钟	guàzhōng	掛け時計
好吃	hǎochī	(食べて)おいしい
黑板	hēibǎn	黒板
回锅肉	huíguōròu	キャベツと豚肉の味噌炒め
馄饨	húntun	ワンタン
桔子	júzi	ミカン
开口笑	kāikǒuxiào	開口笑、中華風ドーナツ
课程表	kèchéngbiǎo	時間割
梨	lí	梨
荔枝	lìzhī	ライチ
麻婆豆腐	mápó dòufu	マーボードーフ
馒头	mántou	マントウ 中華風蒸しパン
芒果	mángguǒ	マンゴー
那	nà	それ あれ
柠檬	níngméng	レモン
苹果	píngguǒ	リンゴ
葡萄	pútao	ブドウ
铅笔盒	qiānbǐhé	筆箱
青椒肉丝	qīngjiāo ròusī	ピーマンと豚肉の細切り炒め
烧卖	shāomài	シューマイ
书架	shūjià	本棚
水饺	shuǐjiǎo	水ギョーザ
思索	sīsuǒ	深く考える
送	sòng	送る 贈る
汤面	tāngmiàn	タンメン
桃子	táozi	モモ
西瓜	xīguā	スイカ
香蕉	xiāngjiāo	バナナ
小笼包	xiǎolóngbāo	ショーロンポー 小型のスープ肉まん
杏仁豆腐	xìngrén dòufu	杏仁豆腐
椅子	yǐzi	椅子
藏族	Zàngzú	チベット族
桌子	zhuōzi	机

第5課

百	bǎi	百
冰镇	bīngzhèn	氷で冷やす
吊饰	diàoshì	ストラップ
多少	duōshao	いくら、いくつ、どのくらい
贵	guì	(値段が)高い
汉堡包	hànbǎobāo	ハンバーガー
好喝	hǎohē	(飲み物を飲んで)おいしい
红茶	hóngchá	紅茶
花茶	huāchá	花茶、ジャスミン茶
戒指	jièzhi	指輪
咖啡	kāfēi	コーヒー
可乐	kělè	コーラ
了	le	感嘆の気持ちを表す

冷	lěng	寒い
凉快	liángkuai	涼しい
你看	nǐ kàn	ほら！見て！
暖和	nuǎnhuo	暖かい
漂亮	piàoliang	きれい
千	qiān	千
钱	qián	お金
热	rè	暑い、熱い
日元	Rìyuán	円、日本円
身体	shēntǐ	身体
书包	shūbāo	カバン
太	tài	大変 極めて とても ["太…了" 〜すぎる]
天气	tiānqì	天気
万	wàn	万
鞋	xié	靴
要	yào	要る
一	yì	1［後ろの語が一声・二声・三声の時］
这个	zhège	この　これ

第6課

笔芯	bǐxīn	シャープペンシルの芯
冰鞋	bīngxié	スケート靴
仓鼠	cāngshǔ	ハムスター
宠物	chǒngwù	ペット
弟弟	dìdi	弟
对	duì	正しい、あっている
非常	fēicháng	非常に、とても
哥哥	gēge	兄、お兄さん
给	gěi	与える、あげる、やる
根	gēn	〜本［細長いものなどを数える］
狗	gǒu	犬
可爱	kě'ài	かわいい
猫	māo	猫
没有	méiyǒu	ない
妹妹	mèimei	妹
手机	shǒujī	携帯電話
兔子	tùzi	うさぎ
橡皮	xiàngpí	消しゴム
小鸟	xiǎoniǎo	小鳥
有	yǒu	ある　いる　持っている
圆珠笔	yuánzhūbǐ	ボールペン
照片	zhàopiàn	写真
只	zhī	〜匹［小動物を数える］

第7課

出	chū	出る
大减价	dàjiǎnjià	バーゲン
个	ge	〜個［カバンなどを数える］
还	hái	まだ
件	jiàn	〜枚、〜着［上着などの着るものを数える］
裤子	kùzi	ズボン
买了。	Mǎi le.	買った。
没	méi	ない
呢	ne	事態の断定［"还没…呢" まだ〜していない］
去了。	Qù le.	行った。
手机铃声	shǒujī língshēng	着うた
双	shuāng	〜足［靴、ソックス等組みになっているものを数える］
条	tiáo	〜本［ズボンなどを数える］
T恤衫	Txùshān	Tシャツ
下载	xiàzǎi	ダウンロード（する）
下载了。	Xiàzǎi le.	ダウンロードした。
新	xīn	新しい
已经	yǐjing	もうすでに
已经…了	yǐjing … le	もうすでに〜した

第8課

au	au	au
白羊座	báiyángzuò	おひつじ座
杯	bēi	〜杯［コップなどに入ったものを数える］
菜单	càidān	メニュー
CD	CD	CD
大熊猫	dàxióngmāo	パンダ
带走	dàizǒu	テイクアウト（する）
担担面	dàndanmian	タンタン麺
点	diǎn	〜時［時刻を表す］
店员	diànyuán	店員、従業員
docomo	docomo	ドコモ
芬达	Fēndá	ファンタ
还是	háishi	〜かそれとも〜か
和	hé	〜と
欢迎 光临	huānyíng guānglín	いらっしゃいませ
吉士汉堡包	jíshì hànbǎobāo	チーズバーガー
金牛座	jīnniúzuò	おうし座
巨蟹座	jùxièzuò	かに座
巨无霸	Jùwúbà	ビッグマック
两	liǎng	2、ふたつ［量詞や位の前等に用いる］
麦当劳	Màidāngláo	マクドナルド
摩羯座	mójiézuò	やぎ座
牛奶	niúnǎi	牛乳
射手座	shèshǒuzuò	いて座
狮子座	shīzizuò	しし座
室女座	shìnǚzuò	おとめ座
双鱼座	shuāngyúzuò	うお座
双子座	shuāngzizuò	ふたご座
水瓶座	shuǐpíngzuò	水がめ座
天秤座	tiānchèngzuò	てんびん座
天蝎座	tiānxiēzuò	さそり座
网球	wǎngqiú	テニス
乌龙茶	wūlóngchá	ウーロン茶
小熊猫	xiǎoxióngmāo	レッサーパンダ
星期四	xīngqīsì	木曜日

星座	xīngzuò	星座
在	zài	～で［場所を表す］
在这儿吃	zài zhèr chī	ここで食べる
这儿	zhèr	ここ

第9课

把	bǎ	～を
保健室	bǎojiànshì	保健室
本子	běnzi	ノート
便利店	biànlìdiàn	コンビニエンス・ストア
迟到	chídào	遅刻（する）
厨房	chúfáng	キッチン
丢了。	Diū le.	なくしてしまった。
好像	hǎoxiàng	～のようだ
教室	jiàoshì	教室
教员室	jiàoyuánshì	職員室
看见	kànjiàn	目に入る、見える
课本	kèběn	教科書
里	li	～の中
理发馆	lǐfàguǎn	理髪店
哪个	nǎge	どの
哪里 哪里	nǎli nǎli	いえいえ、どういたしまして、とんでもない
哪儿	nǎr	どこ
噢	ō	ああ［了解、納得を表す］
旁边	pángbiān	横、そば
钱包	qiánbāo	財布
商店	shāngdiàn	店
食堂	shítáng	食堂
手表	shǒubiǎo	腕時計
体育馆	tǐyùguǎn	体育館
图书馆	túshūguǎn	図書館
喂	wéi	もしもし［呼びかけ］
学校	xuéxiào	学校
医院	yīyuàn	病院
音乐室	yīnyuèshì	音楽室
月票	yuèpiào	定期券
在	zài	～にいる、ある
糟糕	zāogāo	しまった
怎么 啦？	Zěnme la?	どうしたの？

第10课

哎哟	āiyō	あらまぁ［驚きを表す］
毕业	bìyè	卒業（する）
才	cái	まだ
打扫	dǎsǎo	掃除する
大学	dàxué	大学
当	dāng	～になる
电话	diànhuà	電話
电视	diànshì	テレビ
都	dōu	もう
欸	èi	ねぇ［呼びかけ］
翻译	fānyì	通訳（者）
房间	fángjiān	部屋
歌手	gēshǒu	歌手
工作	gōngzuò	仕事
后	hòu	～の後
护士	hùshi	看護師
化妆	huàzhuāng	化粧（する）
警察	jǐngchá	警察官
决定	juédìng	決める
考	kǎo	試験（する）
考虑	kǎolǜ	考える
理发师	lǐfàshī	理容師
漫画	mànhuà	漫画
睡觉	shuìjiào	眠る
司机	sījī	運転手
寺本明美	Sìběn Míngměi	寺本明美〔人名〕
完	wán	終わる
碗	wǎn	茶碗・湯飲み
想	xiǎng	～と思う、～したい
小时	xiǎoshí	～時間
学习	xuéxí	勉強する
运动员	yùndòngyuán	スポーツ選手
正在	zhèngzài	ちょうど～している
做	zuò	～する
作业	zuòyè	宿題

第11课

哎呀	āiyā	あらまぁ［驚きを表す］
安静	ānjìng	静かにする、静かである
百货商店	bǎihuò shāngdiàn	デパート
爆玉米花	bàoyùmǐhuā	ポップコーン
别	bié	～するな
不行	bùxíng	許されない、だめだ
查	chá	調べる
尺子	chǐzi	定規
触摸	chùmō	触れる、さわる
词典	cídiǎn	辞書
带	dài	携帯する、持つ
电车	diànchē	電車
电影	diànyǐng	映画
电影院	diànyǐngyuàn	映画館
掉头	diàotóu	Uターン（する）
短信	duǎnxìn	携帯メール
发	fā	発する、送信する
剪子	jiǎnzi	ハサミ
禁止	jìnzhǐ	禁止（する）
考试	kǎoshì	試験（する）
可以	kěyǐ	～してよい、～できる
拍照	pāizhào	写真を撮る
期中	qīzhōng	学期内、期間内
请勿	qǐng wù	どうぞ～しないでください
时	shí	～の時
说话	shuōhuà	話す、雑談する
听说	tīngshuō	～だそうだ
停车	tíngchē	停車（する）、駐車（する）
通话	tōnghuà	通話
通行	tōngxíng	通行
吸烟	xīyān	喫煙する
下星期	xiàxīngqī	来週

一般	yìbān	一般的に、ふつう
饮料	yǐnliào	飲み物
用	yòng	〜を用いる
邮局	yóujú	郵便局
照相机	zhàoxiàngjī	カメラ

第12課

参拜	cānbài	参拝（する）
穿	chuān	着る
电子邮件	diànzǐ yóujiàn	Eメール
东西	dōngxi	物
端午节	Duānwǔjié	端午の節句
对了	duì le	そうそう、そうだ
歌舞伎	gēwǔjì	歌舞伎
公园	gōngyuán	公園
好文	Hǎowén	好文〔固有名詞〕
和服	héfú	和服、着物
滑雪	huáxuě	スキー（をする）
剑道	jiàndào	剣道
教	jiāo	教える
节分	Jiéfēn	節分
空儿	kòngr	暇
李惠	Lǐ Huì	李恵〔人名〕
落语	luòyǔ	落語
盆景	pénjǐng	盆栽
七夕	Qīxī	七夕
日式草履	Rìshì cǎolǚ	草履
神社	shénshè	神社
说明	shuōmíng	説明（する）
太好了	tài hǎo le	すばらしい
太极拳	tàijíquán	太極拳
桃花节	Táohuājié	桃の節句
文乐	wénlè	文楽
问	wèn	尋ねる、問う
相扑	xiāngpū	相撲
一起	yìqǐ	一緒に
盂兰盆会	Yúlánpénhuì	盂蘭盆会、盆
元旦	Yuándàn	元旦
咱们	zánmen	私たち
怎么	zěnme	どのように
中国	Zhōngguó	中国
中旬	zhōngxún	中旬

語い索引

各課に出た単語をピンイン順にならべた。数字は初出の課を表す。

A
啊	a	【3】
啊	à	【2】
哎呀	āiyā	【11】
哎哟	āiyō	【10】
安静	ānjìng	【11】
au	au	【8】

B
吧	ba	【2】
八	bā	【1】
把	bǎ	【9】
爸爸	bàba	【2】
白羊座	báiyángzuò	【8】
百	bǎi	【5】
百货商店	bǎihuò shāngdiàn	【11】
班	bān	【1】
班长	bānzhǎng	【1】
棒球	bàngqiú	【3】
包子	bāozi	【4】
保健室	bǎojiànshì	【9】
爆玉米花	bàoyùmǐhuā	【11】
杯	bēi	【8】
杯子	bēizi	【1】
本子	běnzi	【9】
笔	bǐ	【1】
笔芯	bǐxīn	【6】
毕业	bìyè	【10】
遍	biàn	【3】
便利店	biànlìdiàn	【9】
别	bié	【11】
冰鞋	bīngxié	【6】
冰镇	bīngzhèn	【5】
不	bú	【2】
不	bù	【2】
不会	bú huì	【3】
不客气	bú kèqi	【3】
不是	bú shì	【2】
不行	bùxíng	【11】

C
才	cái	【10】
踩	cǎi	【4】
菜	cài	【2】
菜单	càidān	【8】
参拜	cānbài	【12】
仓鼠	cāngshǔ	【6】
曹操	Cáo Cāo	【4】
查	chá	【11】
茶	chá	【2】
尝	cháng	【4】
长城	Chángchéng	【3】
唱	chàng	【1】

炒饭	chǎofàn	【4】
吃	chī	【1】
吃饭	chīfàn	【2】
迟到	chídào	【9】
尺子	chǐzi	【11】
宠物	chǒngwù	【6】
出	chū	【7】
初次	chūcì	【3】
初中生	chūzhōngshēng	【2】
厨房	chúfáng	【9】
触摸	chùmō	【11】
穿	chuān	【12】
床	chuáng	【3】
词	cí	【1】
词典	cídiǎn	【4】
CD	CD	【8】

D
打	dǎ	【2】
打工	dǎgōng	【2】
打扫	dǎsǎo	【10】
大家	dàjiā	【1】
大减价	dàjiǎnjià	【7】
大熊猫	dàxióngmāo	【8】
大学	dàxué	【10】
大学生	dàxuéshēng	【2】
带	dài	【11】
带走	dàizǒu	【8】
担担面	dàndanmian	【8】
当	dāng	【10】
到	dào	【1】
倒	dào	【2】
的	de	【2】
弟弟	dìdi	【6】
地图	dìtú	【4】
点	diǎn	【8】
点名	diǎnmíng	【1】
电车	diànchē	【11】
电话	diànhuà	【10】
电脑	diànnǎo	【4】
电视	diànshì	【10】
电影	diànyǐng	【11】
电影院	diànyǐngyuàn	【11】
电子	diànzǐ	【4】
电子邮件	diànzǐ yóujiàn	【12】
店员	diànyuán	【8】
吊饰	diàoshì	【5】
掉头	diàotóu	【11】
丢	diū	【2】
东西	dōngxi	【12】
都	dōu	【10】
读	dú	【1】
端午节	Duānwǔjié	【12】

短信	duǎnxìn	【11】
队	duì	【2】
对	duì	【6】
对不起	duìbuqǐ	【3】
对了	duì le	【12】
蹲	dūn	【2】
多	duō	【3】
多大	duō dà	【2】
多少	duōshao	【5】
docomo	docomo	【8】

E
饿	è	【1】
欸	èi	【10】
耳朵	ěrduo	【1】
二	èr	【1】
二十	èrshí	【1】
二十二	èrshi'èr	【1】
二十六	èrshiliù	【1】
二十一	èrshiyī	【1】

F
发	fā	【11】
翻译	fānyì	【10】
饭盒	fànhé	【4】
房间	fángjiān	【10】
飞	fēi	【1】
非常	fēicháng	【6】
芬达	Fēndá	【8】

G
干烧虾仁	gānshāo xiārén	【4】
高桥	Gāoqiáo	【3】
高中	gāozhōng	【3】
高中生	gāozhōngshēng	【2】
个	ge	【7】
哥哥	gēge	【6】
歌手	gēshǒu	【10】
歌舞伎	gēwǔjì	【12】
给	gěi	【6】
根	gēn	【6】
公园	gōngyuán	【12】
工作	gōngzuò	【10】
狗	gǒu	【6】
挂钟	guàzhōng	【4】
关照	guānzhào	【3】
鬼	guǐ	【2】
贵	guì	【5】
贵姓	guìxìng	【3】

H
| 还 | hái | 【2】 |
| 还 | hái | 【7】 |

还是	háishi	【8】
汉堡包	hànbǎobāo	【5】
汉语	Hànyǔ	【3】
好	hǎo	【1】
好吃	hǎochī	【4】
好喝	hǎohē	【5】
好文	Hǎowén	【12】
好像	hǎoxiàng	【9】
号	hào	【1】
喝	hē	【1】
和	hé	【8】
和服	héfú	【12】
黑板	hēibǎn	【4】
很	hěn	【2】
红茶	hóngchá	【5】
后	hòu	【10】
护士	hùshi	【10】
花茶	huāchá	【5】
滑冰	huábīng	【2】
滑雪	huáxuě	【2】
化妆	huàzhuāng	【10】
欢迎 光临	huānyíng guānglín	【8】
回	huí	【2】
回锅肉	huíguōròu	【4】
会	huì	【2】
馄饨	húntun	【4】

J

鸡	jī	【1】
吉士汉堡包	jíshì hànbǎobāo	【8】
吉他	jítā	【3】
几	jǐ	【1】
家	jiā	【2】
剪子	jiǎnzi	【11】
见	jiàn	【2】
见面	jiànmiàn	【3】
件	jiàn	【7】
剑道	jiàndào	【12】
教	jiāo	【12】
教室	jiàoshì	【9】
教员室	jiàoyuánshì	【9】
叫	jiào	【3】
节分	Jiéfēn	【12】
姐姐	jiějie	【2】
戒指	jièzhi	【5】
今天	jīntiān	【1】
金牛座	jīnniúzuò	【8】
进来	jìnlai	【3】
禁止	jìnzhǐ	【11】
警察	jǐngchá	【10】
九	jiǔ	【1】
九十九	jiǔshijiǔ	【1】
桔子	júzi	【4】
举	jǔ	【2】
巨无霸	Jùwúbà	【8】
巨蟹座	jùxièzuò	【8】
决定	juédìng	【10】

K

咖啡	kāfēi	【5】
开车	kāichē	【2】
开口笑	kāikǒuxiào	【4】
开始	kāishǐ	【1】
看	kàn	【2】
看见	kànjiàn	【9】
考	kǎo	【10】
考虑	kǎolǜ	【10】
考试	kǎoshì	【11】
可爱	kě'ài	【6】
可乐	kělè	【5】
可以	kěyǐ	【2】
可以	kěyǐ	【11】
课本	kèběn	【9】
课程表	kèchéngbiǎo	【4】
空儿	kòngr	【12】
酷	kù	【2】
裤子	kùzi	【7】
困	kùn	【2】

L

来	lái	【1】
老师	lǎoshī	【1】
了	le	【2】
了	le	【5】
泪	lèi	【1】
冷	lěng	【5】
里	li	【9】
梨	lí	【4】
李	Lǐ	【3】
李惠	Lǐ Huì	【12】
理发馆	lǐfàguǎn	【9】
理发师	lǐfàshī	【10】
荔枝	lìzhī	【4】
脸	liǎn	【2】
凉快	liángkuai	【5】
两	liǎng	【8】
铃木	Língmù	【3】
留学生	liúxuéshēng	【2】
六	liù	【1】
路	lù	【2】
落语	luòyǔ	【12】

M

吗	ma	【2】
妈	mā	【1】
妈妈	māma	【2】
麻	má	【1】
麻婆豆腐	mápó dòufu	【4】
马	mǎ	【1】
马	Mǎ	【3】
骂	mà	【1】
买	mǎi	【2】
麦当劳	Màidāngláo	【8】
馒头	mántou	【4】
慢	màn	【3】
漫画	mànhuà	【10】
芒果	mángguǒ	【4】
猫	māo	【6】
没	méi	【7】
没关系	méi guānxi	【3】
没（有）	méi(yǒu)	【1】
没有	méiyǒu	【6】
妹妹	mèimei	【6】
们	men	【1】
门	mén	【1】
梦	mèng	【1】
明天	míngtiān	【3】
名字	míngzi	【3】
摩羯座	mójiézuò	【8】

N

哪个	nǎge	【9】
哪里 哪里	nǎli nǎli	【9】
哪儿	nǎr	【9】
那	nà	【4】
奶奶	nǎinai	【2】
男朋友	nánpéngyou	【2】
呢	ne	【7】
嗯	ńg	【2】
嗯	ňg	【2】
你	nǐ	【2】
你好	nǐ hǎo	【2】
你看	nǐ kàn	【5】
年级	niánjí	【1】
鸟	niǎo	【1】
您	nín	【3】
您好	nín hǎo	【3】
柠檬	níngméng	【4】
牛	niú	【1】
牛奶	niúnǎi	【8】
女	nǚ	【2】
暖和	nuǎnhuo	【5】

O

噢	ō	【9】

P

拍照	pāizhào	【11】
旁边	pángbiān	【9】
跑步	pǎobù	【3】
盆景	pénjǐng	【12】
漂亮	piàoliang	【2】
苹果	píngguǒ	【4】
葡萄	pútao	【4】

Q

七	qī	【1】

七夕	Qīxī	【12】
期中	qīzhōng	【11】
起床	qǐchuáng	【2】
起立	qǐlì	【1】
千	qiān	【5】
铅笔盒	qiānbǐhé	【4】
钱	qián	【5】
钱包	qiánbāo	【9】
青椒肉丝	qīngjiāo ròusī	【4】
请	qǐng	【1】
请问	qǐngwèn	【2】
请勿	qǐng wù	【11】
去	qù	【2】

R

热	rè	【5】
人	rén	【1】
日	rì	【1】
日式草履	Rìshì cǎolǚ	【12】
日元	Rìyuán	【5】
日中	Rìzhōng	【3】
肉	ròu	【3】
软弱	ruǎnruò	【3】

S

三	sān	【1】
伞	sǎn	【2】
山	shān	【3】
商店	shāngdiàn	【9】
烧卖	shāomài	【4】
射手座	shèshǒuzuò	【8】
谁	shéi	【2】
身体	shēntǐ	【5】
什么	shénme	【3】
神社	shénshè	【12】
生日	shēngrì	【3】
狮子座	shīzizuò	【8】
十	shí	【1】
十八	shíbā	【2】
十二	shí'èr	【1】
十七	shíqī	【3】
十一	shíyī	【1】
时	shí	【11】
食堂	shítáng	【9】
石头	shítou	【1】
是	shì	【2】
室女座	shìnǚzuò	【8】
收拾	shōushi	【3】
手	shǒu	【2】
手表	shǒubiǎo	【9】
手机	shǒujī	【6】
手机铃声	shǒujī língshēng	【7】
手纸	shǒuzhǐ	【2】
售票员	shòupiàoyuán	【2】
书	shū	【2】
书包	shūbāo	【5】
书架	shūjià	【4】
刷	shuā	【2】
帅	shuài	【2】
双	shuāng	【7】
双鱼座	shuāngyúzuò	【8】
双子座	shuāngzǐzuò	【8】
水	shuǐ	【2】
水饺	shuǐjiǎo	【4】
水瓶座	shuǐpíngzuò	【8】
睡觉	shuìjiào	【10】
说	shuō	【2】
说话	shuōhuà	【11】
说明	shuōmíng	【12】
司机	sījī	【10】
思索	sīsuǒ	【4】
四	sì	【1】
四十五	sìshíwǔ	【2】
寺本	Sìběn	【1】
寺本明美	Sìběn Míngměi	【10】
送	sòng	【4】
岁	suì	【2】
孙	Sūn	【3】

T

他	tā	【2】
她	tā	【2】
太	tài	【5】
太好了	tài hǎo le	【12】
太极拳	tàijíquán	【12】
太阳	tàiyang	【1】
弹	tán	【3】
谈话	tánhuà	【2】
汤面	tāngmiàn	【4】
桃花节	Táohuājié	【12】
桃子	táozi	【4】
疼	téng	【1】
踢	tī	【3】
体育馆	tǐyùguǎn	【9】
天秤座	tiānchèngzuò	【8】
天气	tiānqì	【5】
天蝎座	tiānxiēzuò	【8】
田中	Tiánzhōng	【3】
条	tiáo	【7】
跳舞	tiàowǔ	【2】
听	tīng	【1】
听说	tīngshuō	【11】
停车	tíngchē	【11】
通话	tōnghuà	【11】
通行	tōngxíng	【11】
同班	tóngbān	【2】
同学	tóngxué	【1】
图书馆	túshūguǎn	【9】
兔子	tùzi	【6】
T恤衫	Txùshān	【7】

W

完	wán	【10】
碗	wǎn	【10】
晚上	wǎnshang	【1】
万	wàn	【5】
王	Wáng	【3】
网球	wǎngqiú	【8】
喂	wéi	【9】
喂	wèi	【2】
文乐	wénlè	【12】
问	wèn	【2】
我	wǒ	【2】
乌	wū	【2】
乌龙茶	wūlóngchá	【8】
五	wǔ	【1】

X

西瓜	xīguā	【4】
吸烟	xīyān	【11】
洗	xǐ	【2】
下星期	xiàxīngqī	【11】
下载	xiàzǎi	【7】
先	xiān	【3】
线	xiàn	【2】
现在	xiànzài	【1】
香蕉	xiāngjiāo	【4】
相扑	xiāngpū	【12】
想	xiǎng	【10】
象	xiàng	【1】
橡皮	xiàngpí	【6】
小笼包	xiǎolóngbāo	【4】
小鸟	xiǎoniǎo	【6】
小时	xiǎoshí	【10】
小熊猫	xiǎoxióngmāo	【8】
小学生	xiǎoxuéshēng	【2】
鞋	xié	【5】
写	xiě	【1】
谢谢	xièxie	【3】
新	xīn	【7】
星期	xīngqī	【1】
星期三	xīngqīsān	【1】
星期四	xīngqīsì	【8】
星座	xīngzuò	【8】
姓	xìng	【3】
杏仁豆腐	xìngrén dòufu	【4】
学生	xuésheng	【1】
学习	xuéxí	【10】
学校	xuéxiào	【9】

Y

牙	yá	【2】
呀	ya	【3】
盐	yán	【2】
眼睛	yǎnjing	【1】
摇头	yáotóu	【2】
要	yào	【5】

爷爷	yéye	【2】	纸	zhǐ	【1】
也	yě	【2】	中旬	zhōngxún	【12】
夜	yè	【1】	粥	zhōu	【3】
一	yī	【1】	猪	zhū	【1】
一	yí	【3】	煮	zhǔ	【2】
一	yì	【5】	住址	zhùzhǐ	【3】
一般	yìbān	【11】	桌子	zhuōzi	【4】
一起	yìqǐ	【12】	字	zì	【1】
医院	yīyuàn	【9】	走	zǒu	【2】
已经	yǐjing	【7】	足球	zúqiú	【3】
已经…了	yǐjing … le	【7】	佐藤	Zuǒténg	【3】
椅子	yǐzi	【4】	坐	zuò	【1】
音乐	yīnyuè	【3】	做	zuò	【2】
音乐室	yīnyuèshì	【9】	作业	zuòyè	【10】
饮料	yǐnliào	【11】
用	yòng	【11】
邮局	yóujú	【11】
游泳	yóuyǒng	【3】
有	yǒu	【6】
右	yòu	【2】
鱼	yú	【2】
盂兰盆会	Yúlánpénhuì	【12】
元旦	Yuándàn	【12】
圆珠笔	yuánzhūbǐ	【6】
远藤	Yuǎnténg	【3】
远藤坚	Yuǎnténg Jiān	【3】
月	yuè	【1】
月票	yuèpiào	【9】
运动员	yùndòngyuán	【10】

Z

再	zài	【3】
再见	zàijiàn	【3】
在	zài	【8】
在	zài	【9】
在这儿吃	zài zhèr chī	【8】
咱们	zánmen	【12】
藏族	Zàngzú	【4】
糟糕	zāogāo	【9】
早上	zǎoshang	【1】
泽田	Zétián	【1】
泽田宪广	Zétián Xiànguǎng	【3】
怎么	zěnme	【12】
怎么 啦？	Zěnme la?	【9】
张	Zhāng	【1】
赵	Zhào	【3】
照片	zhàopiàn	【6】
照相机	zhàoxiàngjī	【11】
这	zhè	【3】
这个	zhège	【5】
这儿	zhèr	【8】
真	zhēn	【2】
真的?!	Zhēn de?!	【2】
正在	zhèngzài	【10】
只	zhǐ	【6】

中国全图

- 乌鲁木齐
- 吐鲁番

新疆维吾尔自治区

- 楼兰
- 敦煌

甘肃省

青海省

- 西宁

西藏自治区

- 拉萨

尼泊尔

不丹

印度

孟加拉国

四川省

- 昆明

云南省

缅甸

老挝

泰国

蒙

0 500km

中国地图

图例	
━·━·━	国境线
········	省·自治区
★	首都
☆	直辖市
◎	省会
○	著名城市

国家（周边）： 俄罗斯、蒙古、朝鲜、韩国、日本、菲律宾、越南

省·自治区·直辖市：
- 黑龙江省（哈尔滨）
- 吉林省（长春、吉林）
- 辽宁省（沈阳、抚顺、大连）
- 内蒙古自治区（呼和浩特）
- 宁夏回族自治区（银川）
- 陕西省（西安、延安）
- 山西省（太原）
- 河北省（石家庄）
- 北京市 ★
- 天津市 ☆
- 山东省（济南、青岛）
- 河南省（郑州、洛阳）
- 江苏省（南京、无锡、苏州）
- 安徽省（合肥）
- 上海市 ☆
- 浙江省（杭州）
- 湖北省（武汉）
- 湖南省（长沙）
- 江西省（南昌）
- 福建省（福州、厦门）
- 广东省（广州、香港、澳门）
- 广西壮族自治区（南宁、桂林）
- 海南省（海口）
- 贵州省（贵阳）
- 重庆市 ☆
- 成都
- 兰州
- 台湾（台北）

河流： 黄河、长江

明照典子	兵庫県立神戸商業高等学校
小林和代	天理大学非常勤講師
神道美映子	関西大学非常勤講師

基本の中国語を楽しく学ぶ
中国語一年生

2010年4月1日　初版発行
2017年4月1日　　2刷発行

■著者	明照典子／小林和代／神道美映子
■発行者	尾方敏裕
■発行所	株式会社 好文出版
	〒162-0041　東京都新宿区早稲田鶴巻町540　林ビル3F
	Tel.03-5273-2739　Fax.03-5273-2740
	http://www.kohbun.co.jp/
■装丁	関原直子
■吹込み	呉志剛／張燕霞
■イラスト	竹川朋子

Ⓒ 2010　Printed in Japan　ISBN978-4-87220-124-6
本書の内容をいかなる方法でも無断で複写・転載使用することは法律で禁じられています。
乱丁落丁の際はお取替えいたしますので、直接弊社宛てお送りください。
定価は表紙に表示されています。